本書係「敦煌文獻系統性保護整理出版工程」項目成果

二〇二一—二〇三五年國家古籍工作規劃重點出版項目

「十四五」國家重點出版物出版規劃項目

國家古籍整理出版專項經費資助項目

中國國家圖書館藏
敦煌文獻

中國國家圖書館 編

第二三冊

BD00311～BD00323

國家圖書館出版社

DUNHUANG MANUSCRIPTS IN THE NATIONAL LIBRARY OF CHINA

023

BD00311 ~ BD00323

compiled by the

National Library of China

National Library of China Publishing House

凡例

一 本書刊布中國國家圖書館藏敦煌文獻，以館藏編號爲序編排。

二 館藏編號采用「BD+流水號」格式，如 BD00001, BD16579 等。背面在編號後加 v 表示。一個編號包含多件文獻者，編號後分别綴以字母 A, B, C 等。一件文獻含有多個内容者，以數字 -1, -2, -3 等標明順序。

三 圖版有縮印或放大處另加説明，尺寸超出本書幅面的以摺葉形式呈現。

四 卷軸裝、梵夾裝、經摺裝等裝幀形制的敦煌文獻，各附外觀圖像。

五 每件文獻依次呈現外觀、正面、背面等。背面僅刊布有文字、圖像或其他要素的圖版，而略去素紙部分，背面圖版同樣以從右到左順序編排。凡有外題者，遵從以上原則。

六 除個别特殊情况外，爲保證閲讀連貫、流暢，圖版儘量通欄呈現。

七 各葉上方附該件文獻全圖，以高亮形式顯示本葉大圖在全卷中的位置。部分長卷文獻全圖衹能分多段呈現時，在上段末以‹符標示下段接續。卷尾内容不足一葉時，文獻全圖使用該圖卷尾部分，亦以‹符標示。背面圖版文字與正面文字方向相反時，文獻全圖按原貌顯示，正文翻轉呈現，以便閲讀研究，用↻符標示。

八 文獻題名大體沿用中國國家圖書館此前所編多部敦煌文獻目録的考證，部分吸收學界最新研究成果略作調整和完善。文獻題名綜合參考原卷首題、尾題、外題確定，如原卷題名與該文獻正式名稱不同，則采用正式名稱；無題名者，或比定題名，或擬定新名。非漢文文獻在題名前標注語種。有分卷不同等其他情况者，括注於文獻名稱後。

九 本書著録使用通行繁體字，涉及原文中的人名、地名等，必要時保留原字形。

About this publication

1. The documents are presented in shelfmark order.
2. The shelfmarks are in the form BD plus a running number, eg. BD00001, BD16579, &c. If a given shelfmark contains multiple documents, these are distinguished by the letters A, B, C, &c. If a document has multiple contents, they are distinguished by the numbering 1, 2, 3, &c. The verso side of an item is indicated by the letter v.
3. If it has been necessary to reduce or enlarge the size of an illustration, the dimensions are indicated. If the size of an illustration exceeds the size of the book, a folding sheet is used.
4. If the document is a scroll, a folded sutra, or has a stitched binding, a picture of the whole object is provided to show its external appearance.
5. The cover, front, and back of each document are reproduced in sequence. The back of a document is only reproduced if it contains text, illustrations, or other markings, and it is oriented from right to left. If it is blank it is not reproduced.
6. Except in a few special cases, the lines of text are reproduced unbroken to make them coherent and easier to read.
7. An illustration of the complete document is reproduced at the top of each page, and the section where the main illustration appears is highlighted in order to indicate its position. If it has only been possible to reproduce a long scroll in sections, the direction symbol has been used to indicate where one illustration ends and the next one begins. If the end of the scroll occupies less than one page, the direction symbol is used to indicate its position in the illustration of the complete document. If the text on the back of the document has a different orientation from the text on the front, it is reproduced as it is, but is also rotated (indicated with the rotation symbol) so that it can be read easily.
8. The titles of the documents generally conform with those already established by the Library, but in some cases have been amended by drawing on the most recent scholarly research. The titles are derived firstly from the beginning of the text, then from the end of the text, and lastly from the cover. If the title of a document differs from its authoritative form, the authoritative form is used; and if a document has no title, one is either supplied by comparison with similar documents, or a new one is devised. If the document is not in Chinese, its language is indicated before the title. If the number of juan is different from that of the authoritative version, or if there are other irregularities, this is noted.
9. The documents in the book are in traditional Chinese characters. Where the title contains personal or place names, the original characters used for these names are retained.

(Translated by David Helliwell)

第二三册目録

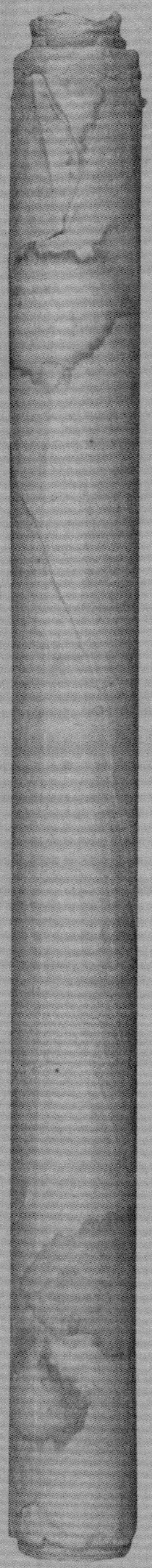

BD00311 佛頂尊勝陀羅尼經

（唐）佛陀波利 譯

220.3cm × 25.2cm

塞合……
筏析之熱反揶十五□
阿長引訶囉阿長引訶囉十七阿引口
十八式陁耶伽伽揶坒式𢹂十九鄔瑟脂沙毘去反四□
耶式𢹂二十索蘇落反訶薩囉喝胡葛反囉室合二泯散珠跌反
帝廿一嚧縛怛他揭多廿二地瑟咤揶上長引同廿三阿地瑟恥
咤澤反上脫聲下同多廿四慕跌嚟廿五䟦析時熱反囉迦居伽反耶廿六僧
喝呼葛反怛揶式𢹂廿七嚧縛筏囉拏奴佳反坒式𢹂廿八
鉢羅底你筏囉多耶廿九阿長引踰太𢹂三十塞磨耶
地瑟恥上同帝卅一末你末你卅二怛他天綱反多步多俱胝
知音鉢唎式𢹂卅三毗塞思勒反普吃榼歌反勃地式𢹂卅四
社耶社耶卅五毗社耶毗社耶卅六薩末囉薩末囉
卅七勃陁地瑟恥多式𢹂卅八䟦析嚟卅九䟦析囉揭
𩋘菩迷反卅跋析嚂盧甘反跋筏都卅一摩摩卅二摩摩此云我受持者於
此自稱名云某甲寫冐我……法……去聲……

卅五塞磨濕缚婆阿地瑟耻帝卅六勃陁地舸反
勃陁卅七蒱馱耶蒲馱耶塞濕多鉢剌式提
卅八薩缚怛他楬多卅九地瑟咤那五十阿地瑟耻帝
五十一莎長引婆訶五十二
佛告帝釋言此呪名淨除一切惡道佛頂尊
勝陁羅尼能除一切罪業等鄣能一切穢惡
道若天帝此陁羅尼八十八殑伽沙俱胝百千
諸佛同共宣説隨喜受持大如来智印印之
為破一切衆生穢惡道義故為一切地獄畜生
閻羅王界衆生得解脱故臨急苦難隨生死
海中衆生得解脱故短命薄福無救護衆生
樂造新染惡業衆生故説又此陁羅尼於贍
部洲住持力故能合地獄惡道衆生種種流
轉生死薄福衆生不信善惡業失正道衆生

轉生死薄福衆生不信善惡業失正道衆生
等得解脫義故佛告天帝我說此陁羅尼付
囑於汝當授與善住天子復當受持讀誦思
惟愛樂憶念供養於贍部洲與一切衆生廣
為宣說此陁羅尼印付囑於汝天帝汝當善持
守護勿令忘失天帝若人須臾得聞此陁羅尼
千劫已來積造惡業重鄣應受種種流轉生死
地獄餓鬼畜生閻羅王界阿脩羅身夜叉羅
剎鬼神布單那羯吒布單那阿婆娑摩囉蚊
虫龜狗蟒蛇一切諸鳥及諸獸一切蠢動含
靈乃至蟻子之身更不重受即得轉生諸佛
如來一生補處菩薩同會處生或得大姓婆
羅門家生或得大剎利種家生或得豪貴最
勝家生天帝此人身如上貴處生者皆由聞

切德如是天帝此陁羅尼名吉祥能淨一切惡
道此佛頂尊勝陁羅尼猶如日藏摩尼之寶
淨无瑕穢淨等虛空光焰照徹无不周遍若
諸衆生持此陁羅尼亦復如是亦如閻浮檀
金明淨柔軟令人喜見不為穢惡之所染着
天帝若有衆生持此陁羅尼亦復如是乘斯
善淨得生善道天帝此陁羅尼所在之處若
能書寫流通受持讀誦聽聞供養如是者一
切惡道皆得清淨一切地獄苦惱皆消滅
佛告天帝若人能書寫此陁羅尼安高幢上
或安高山或安樓上乃至安窣堵波中天帝
若有苾芻苾芻尼優婆塞優婆夷族姓男
族姓女於幢等上或見或與相近其影映身或
風吹陁羅尼上幢等上塵落在身上天帝彼

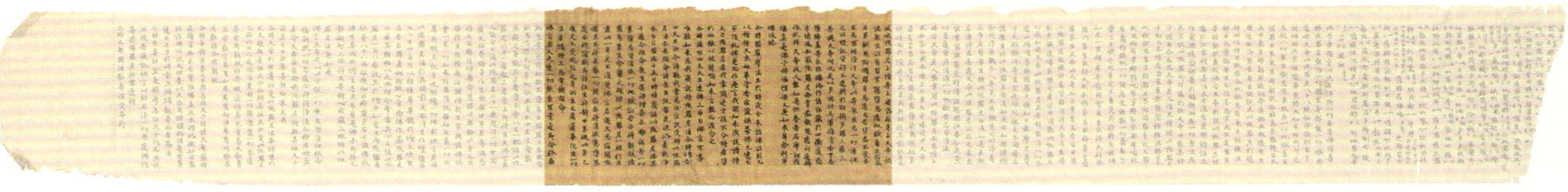

風吹陁羅尼上幢等上塵落在身上天帝彼
諸衆生所有罪業應墮惡道地獄畜生閻羅
王界餓鬼阿脩羅身惡道之苦皆悉不受亦
不為罪垢染汙天帝此等衆生為一切諸佛
之所授記皆得不退轉於阿耨多羅三藐三
菩提天帝何況更以多諸供具華鬘塗香末香
幢幡蓋等衣服瓔珞作諸莊嚴於四衢道造
窣堵波安置陁羅尼合掌恭敬旋遶行道歸
依礼拜天帝彼人能如是供養者名摩訶薩
埵真是佛子持法棟梁又是如來身舍利窣
堵波塔
尒時閻羅摩法王於時夜分來詣佛所到已
以種種天衣妙華塗香莊嚴供養佛已遶七
帀頂礼佛足而作是言我聞如來演說讃持

尒時護世四天大王遶佛三帀白佛言世尊
唯願如來為我廣說持陁羅尼法尒時佛告
四天王汝今諦聽我當為汝宣說受持此陁羅
尼法亦為短命諸衆生說當先洗浴着新淨
衣白月圓滿十五日時持齋誦此陁羅尼滿其
千遍令短命衆生還得增壽永離病苦一切
業障悉皆消滅一切地獄諸苦亦得解脫諸
飛鳥畜生含靈之類聞此陁羅尼一經於耳
盡此一身更不復受佛言若遇大惡病聞陁
羅尼即得永離一切諸病亦得消滅應墮惡
道亦得隂斷即得往生寂靜世界從此身已
後更不受胞胎之身所生之處蓮華化生一切
生處憶持不忘常識宿命
佛言若人先造一切極重罪業遂即命終乘

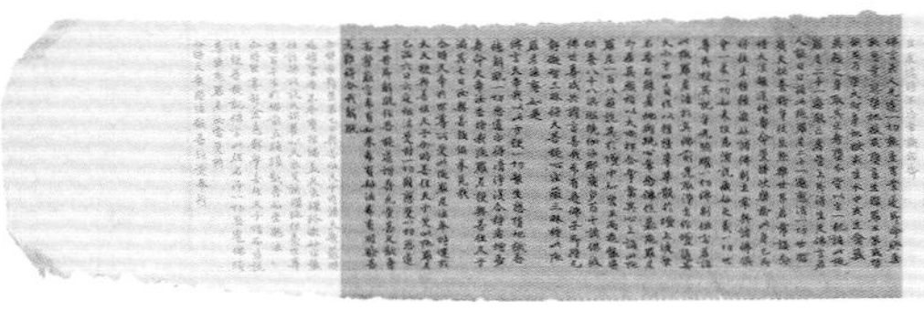

佛言若人先造一切極重罪業遂即命終墮
斯惡業應墮地獄或墮畜生閻羅王界或墮
餓鬼乃墮大阿鼻地獄或生水中或生禽獸
異類之身取其亡者隨分骨以土一把誦此陁
羅尼二十一遍散亡者骨上即得生天佛言若
人能日日誦此陁羅尼二十一遍應消一切世間
廣大供養捨身往生極樂世界若常誦念
得大涅槃復增壽命受勝快樂捨此身已即
得往生種種微妙諸佛剎土常與諸佛俱
會一處一切如來恒為演說微妙之義一切世
尊即授其記身光照曜一切佛剎佛言若誦
此陁羅尼法於其佛前先取淨土作壇隨其
大小方四角作以種種草華散於壇上燒衆
名香右膝著地胡跪心常念佛作慕陁羅尼

供養八十八俱胝殑伽沙那庾多百千諸佛彼
佛世尊咸共讚言善哉希有是佛子即得无
鄣礙智三昧得大菩提心莊嚴三昧持此陁
羅尼法應如是
佛言天帝我以此方便一切衆生應墮地獄令
德解脫一切惡道亦得清淨復令持者增益
壽命天帝汝去將我陁羅尼授與善住天子
滿其七日汝與善住俱來見我
尒時天帝於世尊所受此陁羅尼法奉持還於
大天授與善住天子尒時善住天子受此陁羅尼
已滿六日六夜依法受持一切願應受一切惡道
等苦即解脫住菩提道增壽无量甚大歡喜
高聲歎言希有如來希有妙法希有明驗甚
為難得令我解脫

為難得令我解脫
尒時帝釋至第七日與善住天子持諸天衆嚴持
花鬘塗香末香寶幢幡蓋天衣瓔珞微妙莊嚴
往詣佛所設大供養以天衣及諸瓔珞供養世尊
遶百千帀於佛前立踊躍歡喜而坐聽法
尒時世尊舒金色臂摩善住天子頂而為説
法授菩提記佛言此經名淨一切惡道佛頂
尊勝陁羅尼汝當受持
尒時大衆聞法歡喜信受奉行

BD00311　佛頂尊勝陀羅尼經

BD00312 大般若波羅蜜多經卷一五三

（唐）玄奘 譯

306.1cm × 26.1cm

性即是精進波羅蜜多於此精進波羅蜜多
無明不可得彼常無常亦不可得行乃至老
死愁歎苦憂惱皆不可得彼常無常亦不可
得所以者何此中尚無無明等可得何況有
彼常與無常汝若能脩如是精進是脩精進
波羅蜜多復作是言汝善男子應脩精進波
羅蜜多不應觀無明若樂若苦不應觀行識
名色六處觸受愛取有生老愁歎苦憂惱
若樂若苦何以故無明無明自性空行識名
色六處觸受愛取有生老死愁歎苦憂惱行
乃至老死愁歎苦憂惱自性空是無明自性
即非自性是行乃至老死愁歎苦憂性自性
亦非自性若非自性即是精進波羅蜜多於

彼樂與苦亦不可得所以者何此中尚無無
明等可得何況有彼樂之與苦汝若能脩如
是精進是脩精進波羅蜜多復作是言汝
善男子應脩精進波羅蜜多不應觀無明若我
若無我不應觀行識名色六處觸受愛取有
生老死愁歎苦憂惱若我若無我何以故無
明無明自性空行識名色六處觸受愛取有
生老死愁歎苦憂惱行乃至老死愁歎苦憂
惱自性空有無明自性即非自性是行乃至
老死愁歎苦憂惱自性亦非自性若非自性
即是精進波羅蜜多於此精進波羅蜜多無
明不可得彼我無我亦不可得行乃至老死
愁歎苦憂惱皆不可得彼我無我亦不可得
所以者何此中尚無無明等可得何況有彼

所以者何此中尚無無明等可得何况有彼
我與無我汝若能脩如是精進是脩精進波
羅蜜多復作是言汝善男子應脩精進波羅
蜜多不應觀無明若淨若不淨不應觀行識
名色六處觸受愛取有生老死愁歎苦憂惱
若淨若不淨何以故無明無明自性空行識
名色六處觸受愛取有生老死愁歎苦憂惱
行乃至老死愁歎苦憂惱自性空是無明自
性即非自性是行乃至老死愁歎苦憂惱自
性亦非自性若非自性即是精進波羅蜜多
於此精進波羅蜜多無明不可得彼淨不淨
亦不可得行乃至老死愁歎苦憂惱皆不可
得彼淨不淨亦不可得所以者何此中尚無

男子善女人等作此等說是為宣說真正精
進波羅蜜多
復次憍尸迦若善男子善女人等為發無上
菩提心者宣說精進波羅蜜多作如是言汝
善男子應脩精進波羅蜜多不應觀布施波
羅蜜多若常若無常不應觀淨戒安忍精進
靜慮般若波羅蜜多若常若無常何以故布
施波羅蜜多布施波羅蜜多自性空淨戒安
忍精進靜慮般若波羅蜜多淨戒乃至般若
波羅蜜多自性空是布施波羅蜜多自性即
非自性是淨戒安忍精進靜慮般若波羅蜜
多自性亦非自性若非自性即是精進波羅
蜜多於此精進波羅蜜多布施波羅蜜多不
可得彼常無常亦不可得淨戒安忍精進靜

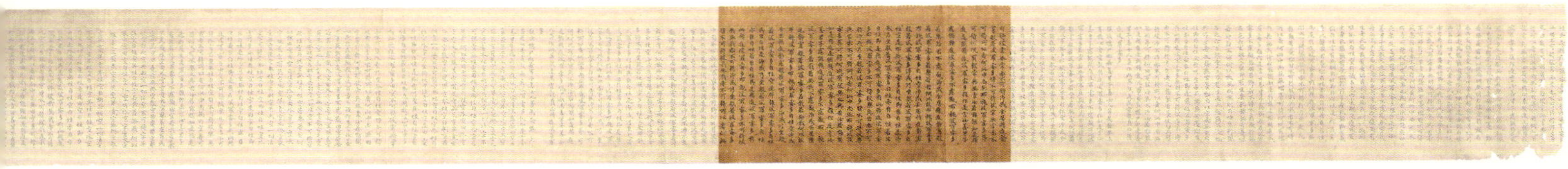

可得彼常無常亦不可得淨戒安忍精進靜
慮般若波羅蜜多皆不可得彼常無常亦不
可得所以者何此中尚無布施波羅蜜多等
可得何況有彼常與無常汝若能脩如是精
進是脩精進波羅蜜多復作是言汝善男子
應脩精進波羅蜜多不應觀布施波羅蜜多
若樂若苦不應觀淨戒安忍精進靜慮般
若波羅蜜多若樂若苦何以故布施波羅蜜多
布施波羅蜜多自性空淨戒安忍精進靜慮
般若波羅蜜多淨戒乃至般若波羅蜜多自
性空是布施波羅蜜多自性即非自性是淨
戒乃至般若波羅蜜多自性亦非自性若非
自性即是精進波羅蜜多於此精進波羅蜜

與苦亦不可得所以者何此中尚無布施波羅
蜜多等可得何況有彼樂之與苦汝若能脩
如是精進是脩精進波羅蜜多復作是言汝
善男子應脩精進波羅蜜多不應觀布施
波羅蜜多若我若無我不應觀淨戒安忍精
進靜慮般若波羅蜜多若我若無我何以故
布施波羅蜜多布施波羅蜜多自性空淨戒
安忍精進靜慮般若波羅蜜多淨戒乃至般
若波羅蜜多自性空是布施波羅蜜多自性
即非自性是淨戒乃至般若波羅蜜多自性
亦非自性若非自性即是精進波羅蜜多於
此精進波羅蜜多布施波羅蜜多不可得彼
我無我亦不可得淨戒乃至般若波羅蜜多
皆不可得彼我無我亦不可得所以者何此

我無我亦不可得淨戒乃至般若波羅蜜多
皆不可得彼我無我亦不可得所以者何此
中尚無布施波羅蜜多等可得何況有彼我
與無我汝若能脩如是精進是脩精進波羅
蜜多復作是言汝善男子應脩精進波羅蜜
多不應觀布施波羅蜜多若淨若不淨不應
觀淨戒安忍精進靜慮般若波羅蜜多若淨
若不淨何以故布施波羅蜜多布施波羅蜜
多自性空淨戒安忍精進靜慮般若波羅蜜
多淨戒乃至般若波羅蜜多自性空是布施
波羅蜜多自性即非自性是淨戒乃至般若
波羅蜜多自性亦非自性若非自性即是精
進波羅蜜多於此精進波羅蜜多布施波羅
蜜多不可得彼淨不淨亦不可得淨戒乃至

得何況有彼淨與不淨汝若能脩如是精進
是脩精進波羅蜜多憍尸迦是善男子善女
人等作此等說是為宣說真正精進波羅蜜
多
復次憍尸迦若善男子善女人等為發無上
菩提心者宣說精進波羅蜜多作如是言汝
善男子應脩精進波羅蜜多不應觀內空若
常若無常不應觀外空內外空空空大空
勝義空有為空無為空畢竟空無際空散空无
變異空本性空自相空共相空一切法空不
可得空無性空自性空無性自性空若常若
無常何以故內空內空自性空外空內外空
空空大空勝義空有為空無為空畢竟空
無際空散空無變異空本性空自相空共

無際空散空無變異空本性空自相空共
相空一切法空不可得空無性空自性空無性自
性空外空乃至無性自性空自性空是內空
自性即非自性是外空乃至無性自性空自
性亦非自性若非自性即是精進波羅蜜多
於此精進波羅蜜多內空不可得彼常無常
亦不可得外空乃至無性自性空皆不可得
彼常無常亦不可得所以者何此中尚無內
空等可得何況有彼常與無常汝若能脩
如是精進是脩精進波羅蜜多復作是言汝善
男子應脩精進波羅蜜多不應觀內空若樂
若苦不應觀外空內外空空空大空勝義空
有為空無為空畢竟空無際空散空无變

以故內空內空自性空外空內外空空空大
空勝義空有為空無為空畢竟空無際空散
空無變異空本性空自相空共相空一切法
空不可得空無性空自性空無性自性空外
空乃至無性自性空自性空是內空自性即
非自性是外空乃至無性自性空自性亦非
自性若非自性即是精進波羅蜜多於此精
進波羅蜜多內空不可得彼樂與苦亦不可
得外空乃至無性自性空皆不可得彼樂與
苦亦不可得所以者何此中尚無內空等可
得何况有彼樂之與苦汝若能脩如是精進
是脩精進波羅蜜多復作是言汝善男子
應脩精進波羅蜜多不應觀內空若我若無我
不應觀外空內外空空空大空勝義空有為

應脩精進波羅蜜多不應觀内空若我若无我
不應觀外空内外空空空大空勝義空有為
空無為空畢竟空無際空散空無變異空本
性空自相空共相空一切法空不可得空無
性空自性空無性自性空若我若無我何以
故内空内空自性空外空内外空空空大空
勝義空有為空無為空畢竟空無際空散
空無變異空本性空自相共相空一切法空
不可得空無性空自性空無性自性空外空
乃至無性自性空自性空是内空自性即非
自性是外空乃至無性自性空自性亦非自
性若非自性即是精進波羅蜜多於此精進
波羅蜜多内空不可得彼我無我亦不可得
外空乃至無性自性空皆不可得彼我无我

脩精進波羅蜜多復作是言汝善男子應脩
精進波羅蜜多不應觀内空若淨若不淨不
應觀外空内外空空空大空勝義空有為空
無為空畢竟空無際空散空無變異空本
性空自相空共相空一切法空不可得空無性
空自性空無性自性空若淨若不淨何以故
内空内空自性空外空内外空空空大空勝
義空有為空無為空畢竟空無際散空無變
異空本性空自相空共相空一切法空不
可得空無性空自性空無性自性空外空乃
至無性自性空自性空是内空自性即非自
性是外空乃至無性自性空自性亦非自性
若非自性即是精進波羅蜜多於此精進波
羅蜜多内空不可得彼淨不淨亦不可得外

羅蜜多內空不可得彼淨不淨亦不可得外
空乃至無性自性空皆不可得彼淨不淨亦
不可得所以者何此中尚無內空等可得何
況有彼淨與不淨汝若能脩如是精進是脩
精進波羅蜜多憍尸迦是善男子善女人等
作此等說是為宣說真正精進波羅蜜多

大般若波羅蜜多經卷第一百五十三

BD00313　佛名經（异卷）卷八

（北魏）菩提流支 譯

446.5cm × 25.9cm

利弗東方過千世界有佛國土名可樂彼
佛名不動應供正遍知若善男子善女人聞
彼佛名受持讀誦恭敬礼拜是人畢竟不退
阿耨多羅三藐三菩提一切諸魔所不能動
舍利弗東方過千世界有佛世界名不可量
彼處佛名大光明阿羅訶三藐三佛陁現在
說法若善男子善女人聞彼大光明佛名受
持讀誦恭敬礼拜是人常不離一切諸佛菩
薩畢竟得不退轉阿耨多羅三藐三菩提心
舍利弗從此佛國土東方過六十千世界有
佛世界名然炬佛名不可量聲阿羅訶三藐
三佛陁現在說法若善男子善女人聞彼阿

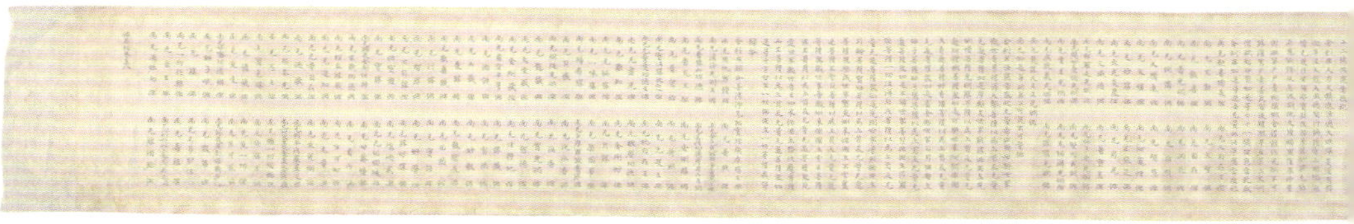

三惡道定心阿耨多羅三藐三菩提
舍利弗復過彼世界度千佛國土有佛世界
名无塵彼有佛同名阿弥陀劬沙阿羅訶三
藐三佛陁現在說法若善男子善女人聞彼
佛名深心敬重受持讀誦恭敬礼拜是人超
越世間十二劫
舍利弗復過廿千佛國土有佛世界名難勝
彼處有佛名大稱阿羅訶三藐三佛陁若善
男子善女人聞彼佛名合掌作如是言南无
大稱如來若復有人以須弥山等七寶日日
布施滿一百歲比聞此佛名礼拜功德百分
不及一乃至筭數分不及一
舍利弗復過三千佛國土有世界名光明佛

舍利弗復過三千佛國土有世界名光明佛
名寶光明阿羅訶三藐三佛陁若善男子善
女人受持彼佛名超越世間劫得不退轉心
阿耨多羅三藐三菩提若有人不信聞名得
如此功德是人當墮阿鼻地獄滿足百劫
舍利弗東方過十五佛國土有世界名光明
照彼處有佛名得大无畏阿羅訶三藐三佛
陁現在說法若善男子善女人稱彼佛名受
持讀誦恭敬礼拜是人畢竟得大无畏攝取
无量无邊功德聚
舍利弗過第七千佛國土有世界名摩尼光
明彼處有佛名燃燈火阿羅訶三藐三佛陁
現在說法若善男子善女人聞彼佛名至心

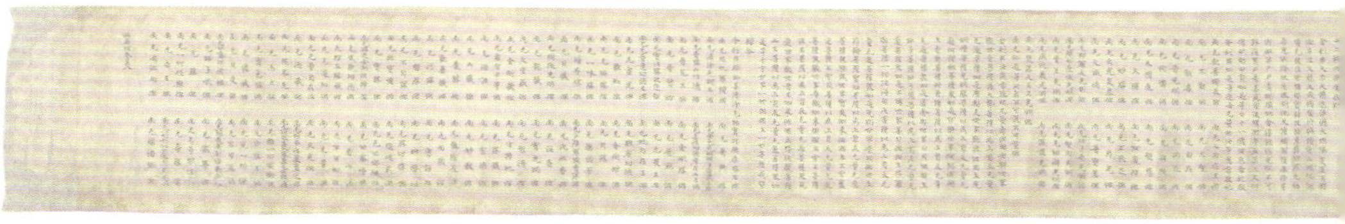

中有寶聲如来阿羅訶三藐三佛陁現在說
法若善男子善女人聞彼佛名受持讀誦至
心礼拜是人畢竟得四聖諦畢竟得阿耨多
羅三藐三菩提
舍利弗復過廿千佛國土有佛世界名光明
佛名无邊无垢阿羅訶三藐三佛陁現在說
法若善男子善女人聞彼佛名至心信受持讀
誦恭敬礼拜若復有人以滿三千大千世界
七寶布施比聞无垢佛名受持讀誦功德千
万分不及一乃至筭數分不及一何以故若
有衆生善根微薄不能得聞无垢佛名若有
善男子善女人聞无邊无垢如来名是人非
於一佛所種諸善根亦非十佛所種諸善根
是人乃是百千万佛所種諸善根是人已度

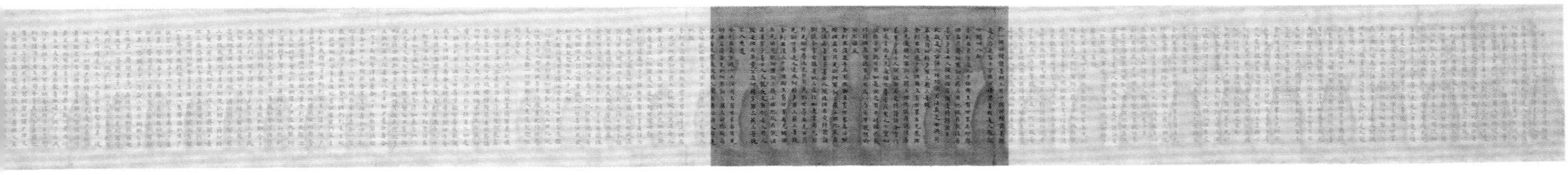

於一佛所種諸善根亦非十佛所種諸善根
是人乃是百千万佛所種諸善根是人超越
世間卌八劫
舍利弗東方過九千佛國土有世界名妙聲
佛名月聲阿羅訶三藐三佛陀現在說法若
善男子善女人聞彼佛名能受持讀誦至心
礼敬是人所得一切功德百法具足如滿月
畢竟得阿耨多羅三藐三菩提
舍利弗復過十千佛國土有世界名无畏佛
名无邊稱阿羅訶三藐三佛陀現在說法若
善男子善女人聞彼佛名受持讀誦合掌作
如是言南无无邊稱世尊若復有人七寶如
須弥等布施日日如是滿足百千此福德聚

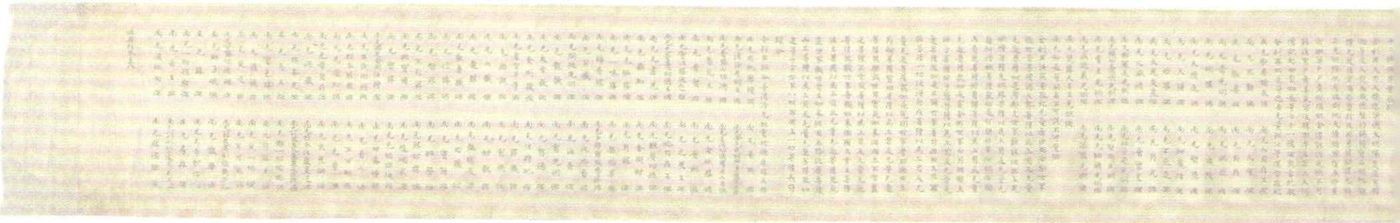

舍利弗復過千五百佛國土有世界名曰燃
燈佛名日月光明阿羅訶三藐三佛陀現在
說法若善男子善女人聞彼佛名受持讀誦
䠒跪合掌右膝著地三遍作如是言南无日
月光明世尊南无日月光明世尊南无日月
光明世尊是人速成阿耨多羅三藐三菩提
舍利弗復三十千佛國土有世界名无垢佛
名无垢光明阿羅訶三藐三佛陀現在說法
若善男子善女人天龍夜叉羅剎若人非人
聞是佛名畢竟不退阿耨多羅三藐三菩提
不入惡道
舍利弗東方過十千佛國土有世界名百光
明佛名清淨光明阿羅訶三藐三佛陀現在
說法若天龍夜叉非人聞名者必得人身速

舍利弗東方過一[illegible]

明佛名清淨光明阿羅訶三藐三佛陁現在
說法若天龍夜叉非人聞名者必得人身遠
貪瞋癡煩惱若人聞不信者六十千劫墮大
地獄
舍利弗復過百佛國土有世界名善德佛名
日光明阿羅訶三藐三佛陁現在說法若人
畢竟清淨心稱佛名所得功德滿足如日輪
畢竟能伏一切諸魔外道超越世間世劫
舍利弗復過六十千佛國土有世界名住七
覺分佛名无邊寶阿羅訶三藐三佛陁現在
說法若人聞彼佛名是人具足得七覺分能
冝衆生著勝寶中畢竟成就无量功德聚
舍利弗復過五百佛國土有世界名華鏡像

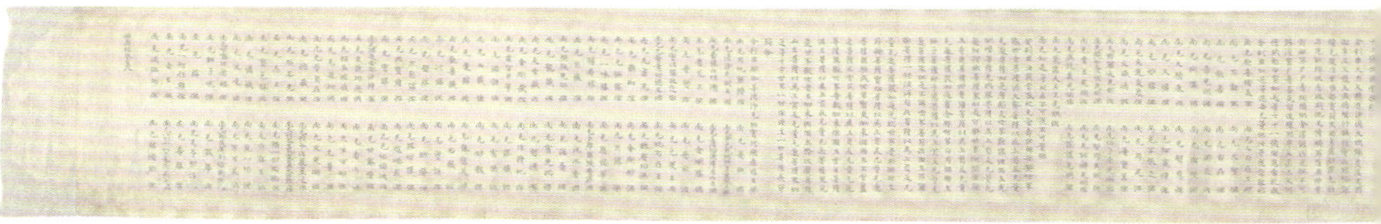

如華敷超越世間五十五劫
舍利弗復過百千億佛國土有世界名遠離
一切憂惱佛名妙身阿羅訶三藐三佛陁現
在說法若人聞彼佛名至心敬重礼拜供養
是人畢竟遠離一切諸鄣不入悪道超越世
間无量劫
舍利弗若比丘比丘尼優婆塞優婆夷欲懺
悔諸罪當淨洗浴著新淨衣淨治室內敷高
坐安置佛像懸廿五枚幡種種華香供養誦
此廿五佛名日夜六時懺悔滿廿五日滅四
重八重等罪式叉摩那沙弥沙弥尼亦如是
尒時舍利弗白佛言世尊唯願世尊為我說
過去七佛姓名壽命長短我等樂聞佛告舍
利弗諦聽諦聽當為汝說舍利弗過去九十

尒時舍利弗白佛言世尊唯願世尊為我說
過去七佛姓名壽命長短我等樂聞佛告舍
利弗諦聽諦聽當為汝說舍利弗過去九十
一劫有佛名毗婆尸如来過去卅劫有佛名
尸棄如来彼劫中復有毗舍浮如来自此以
後无量无邊劫空過无佛至賢劫中有四佛
拘留孫佛拘那含牟尼佛迦葉佛我釋迦牟
尼佛毗婆尸佛壽命八十千劫尸棄佛壽命
六十千劫毗舍浮佛壽命二千劫拘留孫佛
壽命十四小劫拘那含牟尼佛壽命卅小劫
迦葉佛壽命二小劫我現在㝡少壽命一百
歲毗婆尸佛尸棄佛毗舍浮佛剎利家生拘
留孫佛拘那含牟尼佛迦葉佛婆羅門家生
舍利弗我釋迦牟尼剎利家生毗婆尸佛尸

牟尼佛姓瞿曇舍利弗毗婆尸佛波吒羅樹
下得阿耨多羅三藐三菩提尸棄佛分陁利
樹下得阿耨多羅三藐三菩提毗舍浮佛娑
羅樹下得阿耨多羅三藐三菩提拘那含牟
尼佛尸利沙樹下得阿耨多羅三藐三菩提
拘留孫佛憂頭跋樹下得阿耨多羅三藐三
菩提迦葉佛尼拘律樹下得阿耨多羅三藐
三菩提我釋迦牟尼佛阿說他樹下得阿耨
多羅三藐三菩提毗婆尸佛三集聲聞尸棄
佛三集聲聞毗舍浮佛再集聲聞拘留孫佛
一集聲聞拘那含牟尼佛一集聲聞迦葉佛
一集聲聞我釋迦牟尼佛一集聲聞毗婆尸
佛第一聲聞弟子一名吉沙二名看荼尸棄
佛第一聲聞弟子一名勝二名自在毗舍浮

佛弟一聲聞弟子一名吉沙二名看荼尸棄
佛弟一聲聞弟子一名勝二名自在毗舍浮
佛弟一聲聞弟子一名星宿二名上拘留孫
佛弟一聲聞弟子一名疾二名力拘那含牟
尼佛弟一聲聞弟子一名活二名毗頭羅迦
葉佛弟一聲聞弟子一名輸那二名頗羅墮
我釋迦牟尼佛弟一聲聞弟子一名舍利弗
二名目揵連如上二人等前者智慧弟一後
神通弟一毗婆尸佛侍者名无憂尸棄佛侍
者名離畏毗舍浮佛侍者名穌拘留孫佛侍
者名智拘那含牟尼佛侍者名親迦葉佛侍
者名迦夫我侍者名歡喜毗婆尸佛子名成
陰尸棄佛子名不可量毗舍浮佛子名善智

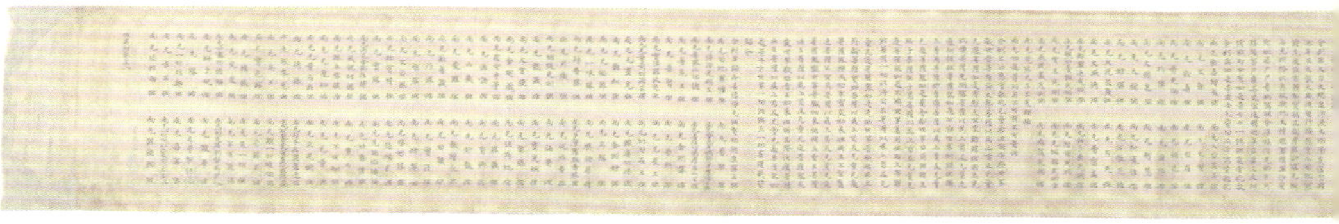

名槃頭毋名槃頭意城名槃頭尸棄佛父名
鈎那毋名勝城名阿樓那跋提毗舍浮佛父
名阿樓那天子毋名稱意城名隨意拘留孫
佛父婆羅門種名功德毋名廣被天子名无
畏城々名无畏拘那含牟尼佛父婆羅門種
名火德毋名難勝天子名莊嚴城々名莊嚴
迦葉佛父婆羅門種名淨德毋名善才天子
名知使城々名知使今時波羅㮈城是我今
父名輸頭檀王毋名摩訶摩耶城名迦毗羅
舍利弗應當敬礼我本師謂釋迦牟尼佛稱
妙佛　降伏一切佛　燃燈光佛　无畏佛
法勝佛
如是等初一大阿僧祇劫有八十億佛㝡後
名釋迦牟尼佛第二阿僧祇劫初寶勝佛然

調服佛
如是等初一大阿僧祇劫有八十億佛冣後
名釋迦牟尼佛第二阿僧祇劫初寶勝佛燃
燈佛妙聲佛勝成佛善見佛善眼佛持提羅
吒佛佛師子无畏自在不違善眼善山善意
栴檀降伏熱降伏闍師子奮迅妙聲无量威
德淨德炎見第一義復有釋迦牟尼妙行勝
妙寂靜妙身功德梵梵命月降自在調山曰
陁羅財此是第二大阿僧祇劫有如是等七
十二億佛應當敬礼
舍利弗大力大精進淨德大明陽炎復有釋
迦牟尼大龍大威德堅行栴檀寶山曰陁羅
幢无畏作留樓那寶髻波頭摩勝妙勝无垢
与光明降伏怨波斯他大幢頗羅墮畢沙星

僧祇劫中有如是等七十一億佛應當礼敬
舍利弗如是等過去无量佛汝等應當敬礼
南无歡喜增長佛　南无人自在王佛
南无不動佛　南无大聖佛
南无歡喜佛　南无自在佛
南无普光明佛　南无滿足佛
南无拘隣佛　南无安隱佛
南无大精進佛　南无智慧佛
南无大稱佛　南无阿㝹律佛
南无妙勝佛　南无不猒足佛
南无火光炎聚佛　南无月光佛
南无火威德佛　南无普寶蓋佛
南无那羅延光明佛　南无師子乘光明佛
南无離一切憂惱光明佛　南无堅固光明佛

南无那羅延光明佛　南无師子乘光明佛
南无離一切憂惱光明佛　南无堅固光明佛
南无雲王光明佛　南无无垢辟光明佛
南无成就義光明佛　南无勝護光明佛
南无梵勝天王王光明佛
南无如是等同名不可說不可量佛
舍利弗汝應當敬礼无量壽佛國安樂世界
觀世音菩薩得大勢菩薩以為上首及无量
无邊菩薩如是摩梨支世界難勝佛國土光
明幢菩薩光明勝菩薩以為上首及无量无
邊阿僧祇菩薩衆如是可樂世界阿閦佛國
土香象菩薩妙香像菩薩以為上首及无量
无邊菩薩衆如是盧舍那世界日月佛國土
師子菩薩師子慧菩薩以為上首及无量无

量无邊菩薩衆如是光明世界普照佛國土
月輪菩薩寶炬菩薩以為上首及无量无邊
菩薩衆樂成世界寶炎如来佛國土不空奮
迅菩薩不空見菩薩以為上首及无量无邊
菩薩衆觀世界普觀如来佛國土雲王菩薩
法王菩薩以為上首及无量无邊菩薩衆見
愛世界觀世音王如来佛國土降伏魔菩薩
山王菩薩以為上首及无量无邊菩薩衆如
是等十方世界一切佛國土一切菩薩我皆
歸命

舍利弗歸命善清淨无垢寶功德集勝王佛
南无因陁羅幢佛　　南无普照佛
南无清淨光明王佛　　南无金色光明師子奮迅王佛

南无因陁羅幢佛
南无普照佛
南无清淨光明王佛
南无金色光明師子奮迅王佛
南无普勝山功德佛
南无善住功德摩尼山王佛
南无普見王佛
南无金剛勝佛
南无普賢佛
南无普照佛
南无寶法勝決定佛
南无无畏王佛
南无无量意功德王佛
南无地自在王佛
南无无盡光佛
南无離塵功德佛
南无難知佛
南无金剛妙佛
南无无垢勝佛
南无月勝佛
南无一味勝佛
南无槃頭華佛
南无驕香勝佛
南无多摩羅跋香勝佛
南无月藏佛
南无沉水香佛
南无樹提光明佛
南无海香佛

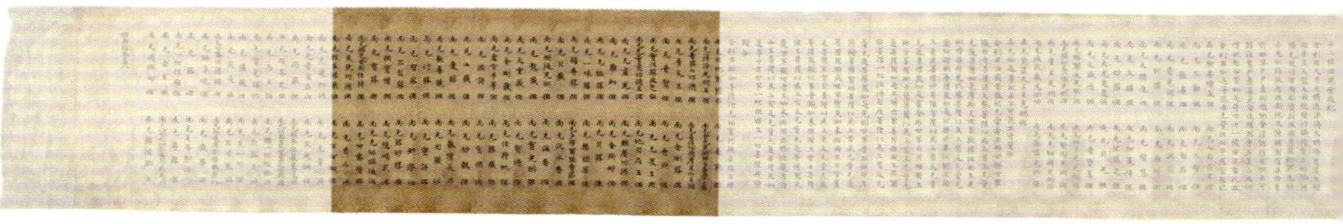

南无金剛藏佛　南无住持地佛
南无虚空平等佛　南无勝藏佛
南无濡語佛　南无有德佛
南无山藏佛　南无妙鼓佛
南无愛勝佛　南无鼓增長佛
南无歡喜藏佛　南无日藏佛
南无行勝佛　南无寶語佛
南无智勝佛　南无妙聲佛
南无不自勝佛　南无勝妙勝佛
南无佛寶幢佛　南无隨順式佛
南无寶勝佛　南无无垢瑠璃佛
南无滿足金剛住持佛　南无甘露幢佛
南无成就功德佛　南无香山佛
南无根本勝藏佛　南无不可知佛

南无成就功德佛
南无根本勝藏佛
南无无邊知佛
南无无量自在佛
南无德藏佛
南无根本光佛
南无忍王佛
南无寶色勝佛
南无億藏佛
南无見受佛
南无甘露功德稱佛
南无師子吼佛
南无勝佛
南无一切作樂佛

南无香山佛
南无不可知佛
南无无量佛
南无火光明佛
南无根本莊嚴奮迅佛
南无一切衆生見愛奮迅莊嚴佛
南无離一切煩惱佛
南无香勝王佛
南无見一切佛
南无不可見佛
南无一切畏差别能斷疑佛
南无无㝵智作佛
南无散華佛
南无尊勝佛

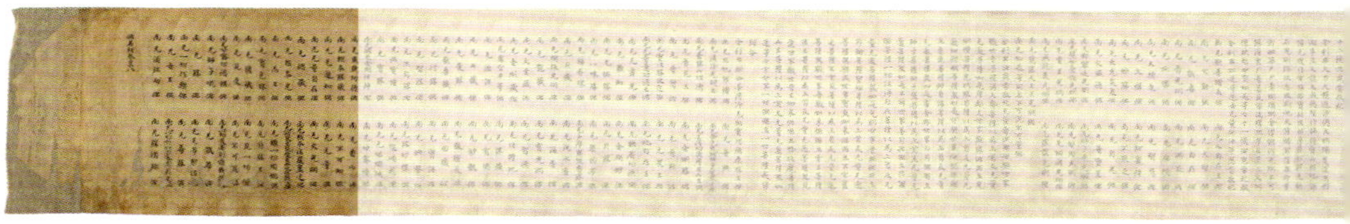

佛名經卷第八

BD00313　佛名經（异卷）卷八

BD00314 妙法蓮華經卷四

（後秦）鳩摩羅什 譯

BD00314v 勘記

967cm × 26.4cm

尒時阿難羅睺羅而作是念我等每自思惟
設得受記不亦快乎即從座起到於佛前頭
面礼足俱白佛言世尊我等於此亦應有分
唯有如來我等所歸又我等爲一切世間天
人阿脩羅所見知識阿難常爲侍者護持法
藏羅睺羅是佛之子若佛見授阿耨多羅三
藐三菩提記者我願既滿衆望亦足尒時學
无學聲聞弟子二千人皆從座起偏袒右肩
到於佛前一心合掌瞻仰世尊如阿難羅睺
羅所願住立一面尒時佛告阿難汝於來世
得作佛号山海慧自在通王如來應供正
遍知明行足善逝世間解无上士調御丈夫

千万億恒河沙諸菩薩等令成阿耨多羅
三藐三菩提國名常立勝幡其土清淨瑠璃
為地劫名妙音遍滿其佛壽命无量千万億
阿僧祇劫若人於千万億无量阿僧祇劫中
算數校計不能得知正法住世倍於壽命像
法住世復倍正法阿難是山海慧自在通王
佛為十方无量千万億恒河沙等諸佛如來
所共讚歎稱其功德尒時世尊欲重宣此義
而說偈言
我今僧中說　阿難持法者　當供養諸佛　然後成正覺
号曰山海慧　自在通王佛　其國土清淨　名常立勝幡
教化諸菩薩　其數如恒沙　佛有大威德　名聞滿十方
壽命有无量　以愍衆生故　正法倍壽命　像法復倍是
如恒河沙等　无數諸衆生　於此佛法中　種佛道因緣

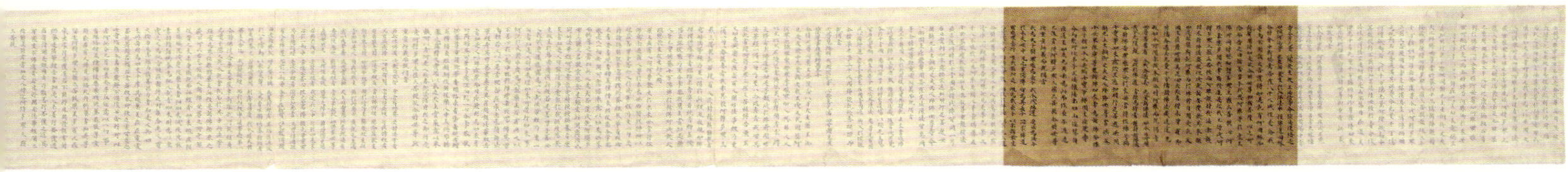

壽命有无量　以愍衆生故　正法倍壽命　像法復倍是
如恒河沙等　无數諸衆生　於此佛法中　種佛道因緣
尒時會中新發意菩薩八千人咸作是念我
等尚不聞諸大菩薩得如是記有何因緣而
諸聲聞得如是决尒時世尊知諸菩薩心之所
念而告之曰諸善男子我與阿難等於空王
佛所同時發阿耨多羅三藐三菩提心阿
難常樂多聞我常勤精進是故我已得成阿
耨多羅三藐三菩提而阿難護持我法亦護
將來諸佛法藏教化成就諸菩薩衆其本願
如是故獲斯記阿難面於佛前自聞受記及
國土莊嚴所願具足心大歡喜得未曾有即
時憶念過去无量千万億諸佛法藏通達无

我今无復疑　安住於佛道　方便為侍者　護持諸佛法
尒時佛告羅睺羅汝於來世當得作佛号蹈
七寶華如來應供正遍知明行足善逝世間
解无上士調御丈夫天人師佛世尊當供養
十世界微塵等數諸佛如來常為諸佛而作
長子猶如今也是蹈七寶華佛國土莊嚴壽
命劫數所化弟子正法像法亦如山海慧自
在通王如來无異亦為此佛而作長子過是
已後當得阿耨多羅三藐三菩提尒時世尊
欲重宣此義而說偈言
我為太子時　羅睺為長子　我今成佛道　受法為法子
於未來世中　見无量億佛　皆為其長子　一心求佛道
羅睺羅密行　唯我能知之　現為我長子　以示諸衆生
无量億千萬　功德不可數　安住於佛法　以求无上道

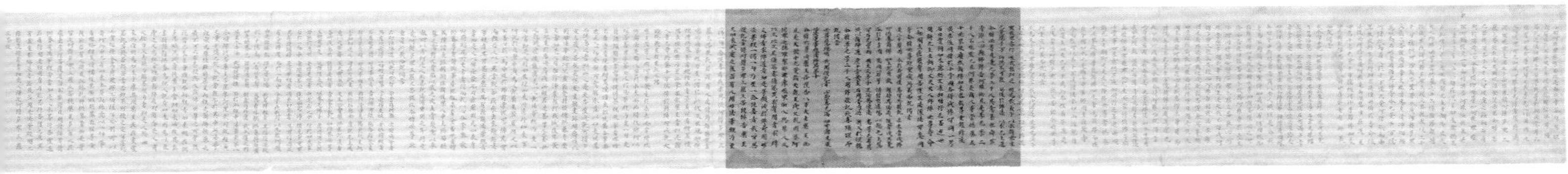

羅睺羅密行　唯我能知之　現為我長子　以示諸衆生
无量億千万　功德不可數　安住於佛法　以求无上道
尒時世尊見學无學二千人其意柔軟寂然
清淨一心觀佛佛告阿難汝見是學无學二
千人不唯然已見阿難是諸人等當供養五
十世界微塵數諸佛如來恭敬尊重護持法
藏末後同時於十方國各得成佛皆同一号
名曰寶相如來應供正遍知明行足善逝世
間解无上士調御丈夫天人師佛世尊壽命
一劫國土莊嚴聲聞菩薩正法像法皆悉同
等尒時世尊欲重宣此義而說偈言
是二千聲聞　今於我前住　悉皆與授記　未來當成佛
所供養諸佛　如上說塵數　護持其法藏　後當成正覺

咸以諸神通　度十方衆生　名聞普周遍　漸入於涅槃
尒時學无學二千人聞佛授記歡喜踊躍而
說偈言
世尊慧燈明　我聞授記音　心歡喜充滿　如甘露見灌

妙法蓮華經法師品第十

尒時世尊因藥王菩薩告八万大士藥王汝
見是大衆中无量諸天龍王夜叉乾闥婆阿
脩羅迦樓羅緊那羅摩睺羅伽人與非人及
比丘比丘尼優婆塞優婆夷求聲聞者求辟
支佛者求佛道者如是等類咸於佛前聞妙
法華經一偈一句乃至一念隨喜者我皆與
授記當得阿耨多羅三藐三菩提佛告藥王
又如來滅度之後若有人聞妙法華經乃至

又如来滅度之後若有人聞妙法華經乃至
一偈一句一念随喜者我亦與授阿耨多羅三
藐三菩提記若復有人受持讀誦解說書
寫妙法華經乃至一偈於此經卷敬視如佛
種種供養華香瓔珞末香塗香燒香繒蓋幢
幡衣服伎樂乃至合掌恭敬藥王當知是諸
人等已曾供養十万億佛於諸佛所成就大
願愍衆生故生此人間
藥王若有人問何等衆生於未来世當得作
佛應示是諸人等於未来世必得作佛何以
故若善男子善女人於法華經乃至一句受
持讀誦解說書寫種種供養經卷華香瓔珞
末香塗香燒香繒蓋幢幡衣服伎樂合掌恭

羅三藐三菩提哀愍衆生願生此間廣演分別妙法華經何況盡能受持種種供養者藥王當知是人自捨清淨業報於我滅後愍衆生故生於惡世廣演此經若是善男子善女人我滅度後能竊爲一人說法華經乃至一句當知是人則如來使如來所遣行如來事何況於大衆中廣爲人說藥王若有惡人以不善心於一劫中現於佛前常毀罵佛其罪尚輕若人以一惡言毀呰在家出家讀誦法華經者其罪甚重藥王其有讀誦法華經者當知是人以佛莊嚴而自莊嚴則爲如來肩所荷擔其所至方應隨向礼一心合掌恭敬供養尊重讚歎華香瓔珞末香塗香燒香繒蓋幢幡衣服肴饌作諸伎樂人中上供而供

供養尊重讚歎華香瓔珞末香塗香燒香繒
蓋幢幡衣服餚饌作諸伎樂人中上供而供
養之應持天寶而以散之天上寶聚應以奉
獻所以者何是人歡喜說法須臾聞之即得究
竟阿耨多羅三藐三菩提故尒時世尊欲
重宣此義而說偈言

若欲住佛道　成就自然智　常當勤供養　受持法華者
其有欲疾得　一切種智慧　當受持是經　并供持經者
若有能受持　妙法華經者　當知佛所使　愍念諸衆生
諸有能受持　妙法華經者　捨於清淨土　愍衆故生此
當知如是人　自在所欲生　能於此惡世　廣說无上法
應以天華香　及天寶衣服　天上妙寶聚　供養說法者
吾滅後惡世　能持是經者　當合掌敬礼　如供養世尊

若於一劫中　常懷不善心　作色而罵佛　獲无量重罪
其有讀誦持　是法華經者　須臾加惡言　其罪復過彼
有人求佛道　而於一劫中　合掌在我前　以无數偈讚
由是讚佛故　得无量功德　歎美持經者　其福復過彼
於八十億劫　以最妙色聲　及與香味觸　供養持經者
如是供養已　若得須臾聞　則應自欣慶　我今獲大利
藥王今告汝　我所說諸經　而於此經中　法華最第一
尒時佛復告藥王菩薩摩訶薩　我所說經典
无量千億已說今說當說　而於其中此法華
經最為難信難解　藥王此經是諸佛祕要之
藏不可分布妄授與人　諸佛世尊之所守護
從昔已來未曾顯說　而此經者如來現在猶
多怨嫉況滅度後　藥王當知如來滅後其能

多怨嫉況滅度後藥王當知如來滅後其能
書持讀誦供養為他人說者如來則為以衣
覆之又為他方現在諸佛之所護念是人有
大信力及志願力諸善根力當知是人與如
來共宿則為如來手摩其頭藥王在在處處
若說若讀若誦若書若經卷所住之處皆應起
七寶塔極令高廣嚴飾不須復安舍利所以
者何此中已有如來全身此塔應以一切華
香瓔珞繒蓋幢幡伎樂歌頌供養恭敬尊重
讚歎若有人得見此塔禮拜供養當知是等
皆近阿耨多羅三藐三菩提藥王多有人在
家出家行菩薩道若不能得見聞讀誦書持
供養是法華經者當知是人未善行菩薩道

信解受持者當知是人得近阿耨多羅三藐
三菩提
藥王譬如有人渴乏須水於彼高原穿鑿求
之猶見乾土知水尚遠施功不已轉見濕土
遂漸至泥其心決定知水必近菩薩亦復如
是若未聞未解未能修習是法華經當知是
人去阿耨多羅三藐三菩提尚遠若得聞解
思惟修習必知得近阿耨多羅三藐三菩提
所以者何一切菩薩阿耨多羅三藐三菩提皆
屬此經此經開方便門示真實相是法華
經藏深固幽遠无人能到今佛教化成就菩
薩而為開示藥王若有菩薩聞是法華經驚
疑怖畏當知是為新發意菩薩若聲聞人聞

疑怖畏當知是爲新發意菩薩若聲聞人聞
是經驚疑怖畏當知是爲增上慢者藥王若
有善男子善女人如來滅後欲爲四衆說是
法華經者云何應說是善男子善女人入如來
室著如來衣坐如來座尒乃應爲四衆廣
說斯經如來室者一切衆生中大慈悲心是
如來衣者柔和忍辱心是如來座者一切法
空是安住是中然後以不懈怠心爲諸菩薩
及四衆廣說是法華經藥王我於餘國遣化
人爲其集聽法衆亦遣化比丘比丘尼優婆
塞優婆夷聽其說法是諸化人聞法信受隨
順不逆若說法者在空閑處我時廣遣天龍
鬼神乾闥婆阿脩羅等聽其說法我雖在異

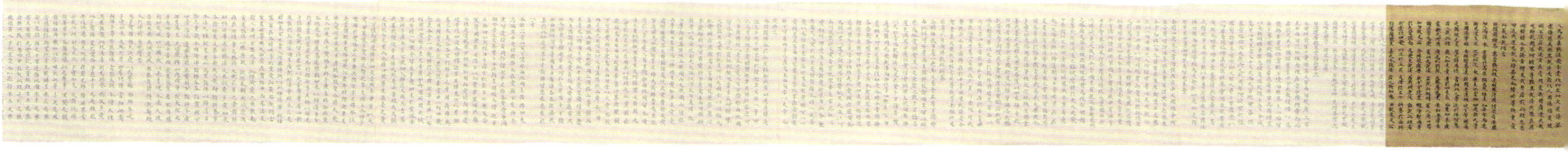

此義而說偈言
欲捨諸懈怠　應當聽此經　是經難得聞　信受者亦難
如人渴須水　穿鑿於高原　猶見乾燥土　知去水尚遠
漸見濕土泥　決定知近水　藥王汝當知　如是諸人等
不聞法華經　去佛智甚遠　若聞是深經　決了聲聞法
是諸經之王　聞已諦思惟　當知此人等　近於佛智慧
若人說此經　應入如來室　著於如來衣　而坐如來座
處衆无所畏　廣為分別說　大慈悲為室　柔和忍辱衣
諸法空為座　處此為說法　若說此經時　有人惡口罵
加刀杖瓦石　念佛故應忍　我千万億土　現淨堅固身
於无量億劫　為衆生說法　若我滅度後　能說此經者
我遣化四衆　比丘比丘尼　及清信士女　供養於法師
引導諸衆生　集之令聽法　若人欲加惡　刀杖及瓦石

引導諸衆生 集之令聽法 若人欲加惡 刀杖及瓦石
則遣變化人 為之作衛護 若說法之人 獨在空閑處
寂寞无人聲 讀誦此經典 我爾時為現 清淨光明身
若忘失章句 為說令通利 若人具是德 或為四衆說
空處讀誦經 皆得見我身 若人在空閑 我遣天龍王
夜叉鬼神等 為作聽法衆 是人樂說法 分別无罣礙
諸佛護念故 能令大衆喜 若親近法師 速得菩薩道
隨順是師學 得見恒沙佛

妙法蓮華經見寶塔品第十一

爾時佛前有七寶塔高五百由旬縱廣二百
五十由旬從地踊出住在空中種種寶物而
莊校之五千欄楯龕室千万无數幢幡以為
嚴飾垂寶瓔珞寶鈴万億而懸其上四面皆

高至四天王宮三十三天雨天曼陁羅華供
養寶塔餘諸天龍夜叉乾闥婆阿脩羅迦樓
羅緊那羅摩睺羅伽人非人等千万億衆以
一切華香瓔珞幡蓋伎樂供養寶塔恭敬尊重
讚歎尒時寶塔中出大音聲歎言善哉善
哉釋迦牟尼世尊能以平等大慧教菩薩法
佛所護念妙法華經為大衆說如是如是釋
迦牟尼世尊如所說者皆是真實
尒時四衆見大寶塔住在空中又聞塔中所
出音聲皆得法喜怪未曾有從座而起恭敬
合掌却住一面尒時有菩薩摩訶薩名大樂
說知一切世間天人阿脩羅等心之所疑而
白佛言世尊以何因緣有此寶塔從地踊出

白佛言世尊以何因緣有此寶塔從地踊出
又於其中發是音聲尒時佛告大樂說菩薩
此寶塔中有如來全身乃往過去東方无量
千万億阿僧祇世界國名寶淨彼中有佛号
曰多寶其佛本行菩薩道時作大誓願若我
成佛滅度之後於十方國土有說法華經處我
之塔廟為聽是經故踊現其前為作證明讚
言善哉彼佛成道已臨滅度時於天人大衆
中告諸比丘我滅度後欲供養我全身者應
起一大塔其佛以神通願力十方世界在在
處處若有說法華經者彼之寶塔皆踊出其
前全身在於塔中讚言善哉善哉大樂說今
多寶如來塔聞說法華經故從地踊出讚言

説菩薩摩訶薩是多寶佛有深重願若我寶
塔為聽法華經故出於諸佛前時其有欲以
我身示四衆者彼佛分身諸佛在於十方世
界説法盡還集一處然後我身乃出現耳大
樂説我分身諸佛在於十方世界説法者今
應當集大樂説白佛言世尊我等亦願欲見
世尊分身諸佛礼拜供養
尒時佛放白毫一光即見東方五百万億那
由他恒河沙等國土諸佛彼諸國土皆以頗
梨為地寶樹寶衣以為莊嚴无數千万億菩
薩充滿其中遍張寶幔寶網羅上彼國諸佛
以大妙音而説諸法及見无量千万億菩薩
遍滿諸國為衆説法南西北方四維上下白

遍滿諸國為衆說法南西北方四維上下白
毫相光所照之處亦復如是尒時十方諸佛
各告衆菩薩言善男子我今應往娑婆世界
釋迦牟尼佛所并供養多寶如來寶塔時娑
婆世界即變清淨琉璃為地寶樹莊嚴黃金
為繩以界八道无諸聚落村營城邑大海江河
山川林藪燒大寶香曼陀羅華遍布其地以
寶網幔羅覆其上懸諸寶鈴唯留此會衆
移諸天人置於他土是時諸佛各將一大菩
薩以為侍者至娑婆世界各到寶樹下一一
寶樹高五百由旬枝葉華菓次第莊嚴諸寶
樹下皆有師子之座高五由旬亦以大寶而
校飾之

分之身猶故未盡時釋迦牟尼佛欲容受所
分身諸佛故八方各更變二百万億那由他國
皆令清淨无有地獄餓鬼畜生及阿脩羅
又移諸天人置於他土所化之國亦以瑠璃為
地寶樹莊嚴樹高五百由旬枝葉華菓次
弟嚴飾樹下皆有寶師子座高五由旬種種
諸寶以為莊校亦无大海江河及目真隣陁
山摩訶目真隣陁山鐵圍山大鐵圍山須弥
山等諸山王通為一佛國土寶地平正寶交
露縵遍覆其上懸諸幡蓋燒大寶香諸天寶
華遍布其地釋迦牟尼佛為諸佛當來坐故
復於八方各變二百万億那由他國皆令清
淨无有地獄餓鬼畜生及阿脩羅又移諸天

淨无有地獄餓鬼畜生及阿脩羅又移諸天
人置於他土所化之國亦以瑠璃為地寶樹莊
嚴樹高五百由旬枝葉華菓次苐莊嚴樹
下皆有寶師子座高五由旬亦以大寶而校
飾之亦无大海江河及目真隣陁山摩訶目
真隣陁山鐵圍山大鐵圍山須弥山等諸山
王通為一佛國土寶地平正寶交露縵遍覆
其上懸諸幡蓋燒大寶香諸天寶華遍布其
地尒時東方釋迦牟尼所分之身百千万億
那由他恒河沙等國土中諸佛各各說法來
集於此如是次苐十方諸佛皆悉來集坐於
八方
尒時一一方四百万億那由他國土諸佛如來

掬而告之言善男子汝往詣耆闍崛山釋迦牟
尼佛所如我辭曰少病少惱氣力安樂及菩
薩聲聞衆悉安隱不以此寶華散佛供養
而作是言彼某甲佛與欲開此寶塔諸佛遣
使亦復如是尒時釋迦牟尼佛見所分身佛
悉已來集各各坐於師子之座皆聞諸佛與
欲同開寶塔即從座起住虛空中一切四衆
起立合掌一心觀佛於是釋迦牟尼佛以右
指開七寶塔戶出大音聲如却關鑰開大城
門即時一切衆會皆見多寶如來於寶塔中
坐師子座全身不散如入禪定又聞其言善
哉善哉釋迦牟尼佛快說是法華經我為聽
是經故而來至此尒時四衆等見過去無量

是經故而來至此尒時四衆等見過去无量
千万億劫滅度佛說如是言歎未曾有以天
寶華聚散多寶佛及釋迦牟尼佛上尒時多
寶佛於寶塔中分半座與釋迦牟尼佛而作
是言釋迦牟尼佛可就此座即時釋迦牟尼
佛入其塔中坐其半座結跏趺坐尒時大衆
見二如來在七寶塔中師子座上結跏趺坐
各作是念佛座高遠唯願如來以神通力令
我等輩俱處虚空即時釋迦牟尼佛以神通
力接諸大衆皆在虚空以大音聲普告四衆
誰能於此娑婆國土廣說妙法華經今正是
時如來不久當入涅槃佛欲以此妙法華經付
囑有在尒時世尊欲重宣此義而說偈言

處處聽法 以難遇故 彼佛本願 我滅度後
在在所往 常為聽法 又我分身 无量諸佛
如恒沙等 來欲聽法 及見滅度 多寶如來
各捨妙土 及弟子衆 天人龍神 諸供養事
令法久住 故來至此 為坐諸佛 以神通力
移无量衆 令國清淨 諸佛各各 詣寶樹下
如清淨池 蓮華莊嚴 其寶樹下 諸師子座
佛坐其上 光明嚴飾 如夜闇中 然大炬火
身出妙香 遍十方國 衆生蒙薰 喜不自勝
譬如大風 吹小樹枝 以是方便 令法久住
告諸大衆 我滅度後 誰能護持 讀說斯經
今於佛前 自說誓言
其多寶佛 雖久滅度 以大誓願 而師子吼

其多寶佛　雖久滅度　以大誓願　而師子吼
多寶如來　及與我身　所集化佛　當知此意
諸佛子等　誰能護法　當發大願　令得久住
其有能護　此經法者　則為供養　我及多寶
此多寶佛　處於寶塔　常遊十方　為是經故
亦復供養　諸來化佛　莊嚴光飾　諸世界者
若說此經　則為見我　多寶如來　及諸化佛
諸善男子　各諦思惟　此為難事　宜發大願
諸餘經典　數如恒沙　雖說此等　未足為難
若接須彌　擲置他方　無數佛土　亦未為難
若以足指　動大千界　遠擲他國　亦未為難
若立有頂　為眾演說　無量餘經　亦未為難
若佛滅後　於惡世中　能說此經　是則為難

若以大地　置足甲上　昇於梵天　亦未為難
佛滅度後　於惡世中　暫讀此經　是則為難
假使劫燒　擔負乾草　入中不燒　亦未為難
我滅度後　若持此經　為一人說　是則為難
若持八万　四千法藏　十二部經　為人演說
令諸聽者　得六神通　雖能如是　亦未為難
於我滅後　聽受此經　問其義趣　是則為難
若人說法　令千万億　无量无數　恒沙衆生
得阿羅漢　具六神通　雖有此益　亦未為難
於我滅後　若能奉持　如斯經典　是則為難
我為佛道　於无量土　從始至今　廣說諸經
而於其中　此經第一　若有能持　則持佛身
諸善男子　於我滅後　誰能受持　讀誦此經

BD00314　妙法蓮華經卷四

諸善男子 於我滅後 誰能受持 讀誦此經
今於佛前 自說誓言
此經難持 若暫持者 我則歡喜 諸佛亦然
如是之人 諸佛所歎 是則勇猛 是則精進
是名持戒 行頭陀者 則為疾得 无上佛道
能於來世 讀持此經 是真佛子 住純善地
佛滅度後 能解其義 是諸天人 世間之眼
於恐畏世 能須臾說 一切人天 皆應供養

妙法蓮華經提婆達多品第十二

尒時佛告諸菩薩及天人四衆 吾於過去无
量劫中求法華經无有懈惓 於多劫中常作
國王發願求於无上菩提 心不退轉 為欲滿足
六波羅蜜 勤行布施 心无恡惜 象馬七珎

國位委政太子擊鼓宣令四方求法誰能為
我說大乘者吾當終身供給走使時有仙人
來白王言我有大乘名妙法蓮華經若不違
我當為宣說王聞其言歡喜踊躍即隨仙人
供給所須採菓汲水拾薪設食乃至以身而
為牀座身心無惓于時奉事經於千歲為於
法故精勤給侍令無所乏尒時世尊欲重宣
此義而說偈言

我念過去劫　為求大法故　雖作世國王　不貪五欲樂
搥鍾告四方　誰有大法者　若為我解說　身當為奴僕
時有阿私仙　來白於大王　我有微妙法　世間所希有
若能脩行者　吾當為汝說　時王聞仙言　心生大喜悅
即便隨仙人　供給於所須　採薪及菓蓏　隨時恭敬與

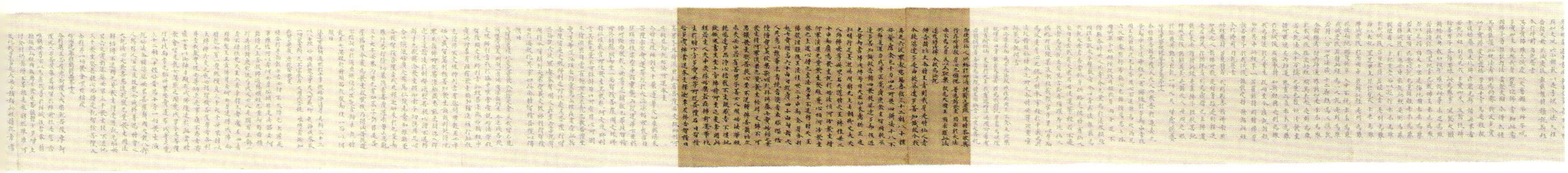

即便隨仙人供給於所須 採薪及果蓏 隨時恭敬與
情存妙法故 身心无懈惓 普為諸衆生 勤求於大法
亦不為己身 及以五欲樂 故為大國王 勤求獲此法
遂致得成佛 今故為汝說
佛告諸比丘 尒時王者 則我身是 時仙人者
今提婆達多是 由提婆達多善知識故 令我
具足六波羅蜜 慈悲喜捨 三十二相 八十種
好 紫磨金色 十力 四无所畏 四攝法 十八不
共神通道力 成等正覺 廣度衆生 皆因提婆
達多善知識故 告諸四衆 提婆達多却後過
无量劫 當得成佛 号曰天王如來應供正遍
知明行足善逝世間解无上士調御丈夫天
人師佛世尊 世界名天道 時天王佛住世二

發无上道心得无生法忍至不退轉時天王
佛般涅槃後正法住世二十中劫全身舍利
起七寶塔高六十由旬縱廣四十由旬諸天
人民悉以雜華末香燒香塗香衣服瓔珞
幢幡寶蓋伎樂歌頌礼拜供養七寶妙塔无量
衆生得阿羅漢果无量衆生悟辟支佛不可
思議衆生發菩提心至不退轉佛告諸比丘
未來世中若有善男子善女人聞妙法華經
提婆達多品淨心信敬不生疑惑者不墮地
獄餓鬼畜生生十方佛前所生之處常聞此
經若生人天中受勝妙樂若在佛前蓮華化
生於時下方多寶世尊所從菩薩名曰智積
啓多寶佛當還本土釋迦牟尼佛告智積曰

於多寶佛當還本土釋迦牟尼佛告智積曰
善男子且待須臾此有菩薩名文殊師利可
與相見論說妙法可還本土
尒時文殊師利坐千葉蓮華大如車輪俱來
菩薩亦坐寶蓮華從於大海娑竭羅龍宮自
然踊出住虛空中詣靈鷲山從蓮華下至於
佛所頭面敬礼二世尊足修敬已畢往智積
所共相慰問却坐一面智積菩薩問文殊師
利仁往龍宮所化衆生其數幾何文殊師利
言其數无量不可稱計非口所宣非心所測
且待須臾自當有證所言未竟无數菩薩坐
寶蓮華從海踊出詣靈鷲山住在虛空此諸
菩薩皆是文殊師利之所化度具菩薩行皆

日於海教化其事如此尒特智積菩薩以偈
讚曰
大智德勇健　化度无量衆　今此諸大會　及我皆已見
演暢實相義　開闡一乘法　廣導諸群生　令速成菩提
文殊師利言我於海中唯常宣說妙法華經
智積問文殊師利言此經甚深微妙諸經中
寶世所希有頗有衆生勤加精進脩行此經
速得佛不文殊師利言有娑竭羅龍王女年
始八歲智慧利根善知衆生諸根利鈍得陁
羅尼諸佛所說甚深祕藏悉能受持深入禪
定了達諸法於剎那頃發菩提心得不退轉
辯才无㝵慈念衆生猶如赤子功德具足心
念口演微妙廣大慈悲仁讓志意和雅能至

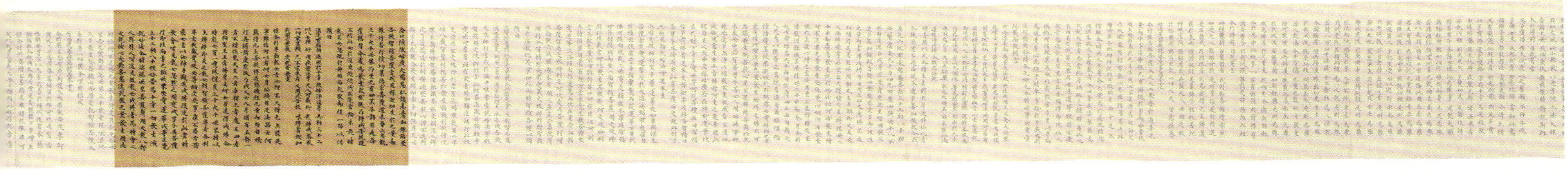

念口演微妙廣大慈悲仁讓志意和雅能至
菩提智積菩薩言我見釋迦如來於无量劫
難行苦行積功累德求菩薩道未曾止息觀
三千大千世界乃至无有如芥子許非是菩
薩捨身命處為衆生故然後乃得成菩提道
不信此女於須臾頃便成正覺言論未訖時
龍王女忽現於前頭面礼敬却住一面以偈
讚曰
深達罪福相 遍照於十方 微妙淨法身 具相三十二
以八十種好 用莊嚴法身 天人所戴仰 龍神咸恭敬
一切衆生類 无不宗奉者 又聞成菩提 唯佛當證知
我闡大乘教 度脫苦衆生
時舍利弗語龍女言汝謂不久得无上道是

行具脩諸度然後乃成又女人身猶有五鄣一
者不得作梵天王二者帝釋三者魔王四者
轉輪聖王五者佛身云何女身速得成佛尒
時龍女有一寶珠價直三千大千世界持以
上佛佛即受之龍女謂智積菩薩尊者舍利
弗言我獻寶珠世尊納受是事疾不荅言甚
疾女言以汝神力觀我成佛復速於此當時
衆會皆見龍女忽然之間變成男子具菩薩
行即往南方无垢世界坐寶蓮華成等正覺
三十二相八十種好普爲十方一切衆生演
說妙法尒時娑婆世界菩薩聲聞天龍八部
人與非人皆遥見彼龍女成佛普爲時會人
天說法心大歡喜悉遥礼敬无量衆生聞法

夫說法心大歡喜悉遙礼敬无量衆生聞法
解悟得不退轉无量衆生得受道記无垢世
界六反震動娑婆世界三千衆生住不退地
三千衆生發菩提心而得受記智積菩薩及
舍利弗一切衆會嘿然信受
妙法蓮華經勸持品第十三
尒時藥王菩薩摩訶薩及大樂說菩薩摩訶
薩與二万菩薩眷屬俱皆於佛前住是誓言
唯願世尊不以為慮我等於佛滅後當奉持
讀誦說此經典後惡世衆生善根轉少多增上
慢貪利供養增不善根遠離解脫雖難可
教化我等當起大忍力讀誦此經持說書寫
種種供養不惜身命尒時衆中五百阿羅漢得

者從座而起合掌向佛作是誓言世尊我等
亦當於他國土廣說此經所以者何是娑婆
國中人多弊惡懷增上慢功德淺薄瞋濁諂
曲心不實故
尒時佛姨母摩訶波闍波提比丘尼與學无
學比丘尼六千人俱從座而起一心合掌瞻仰
尊顏目不暫捨於時世尊告憍曇弥何故
憂色而視如來汝心將无謂我不說汝名得授
阿耨多羅三藐三菩提記耶憍曇弥我先惣
說一切聲聞皆已授記今汝欲知記者將來
之世當於六万八千億諸佛法中為大法師
及六千學无學比丘尼俱為法師汝如是漸
漸具菩薩道當得作佛号一切衆生喜見如

漸具菩薩道當得作佛号一切衆生喜見如
來應供正遍知明行足善逝世間解无上士
調御丈夫天人師佛世尊憍曇弥是一切衆
生喜見佛及六千菩薩轉次授記得阿耨多
羅三藐三菩提尒時羅睺羅母耶輸陁羅比
丘尼作是念世尊於授記中獨不說我名佛
告耶輸陁羅汝於來世百千万億諸佛法中
脩菩薩行為大法師漸具佛道於善國中當
得作佛号具足千万光相如來應供正遍知
明行足善逝世間解无上士調御丈夫天人
師佛世尊佛壽无量阿僧祇劫尒時摩訶波
闍波提比丘尼及耶輸陁羅比丘尼并其眷
屬皆大歡喜得未曾有即於佛前而說偈言

於他方國土廣宣此經
尒時世尊視八十万億那由他諸菩薩摩訶
薩是諸菩薩皆是阿惟越致轉不退法輪得
諸陁羅尼即從座起至於佛前一心合掌而
作是念若世尊告勅我等持說此經者當如
佛教廣宣斯法復作是念佛今嘿然不見告
勅我當云何時諸菩薩敬順佛意并欲自滿
本願便於佛前作師子吼而發誓言世尊我
等於如來滅後周旋往反十方世界能令衆
生書寫此經受持讀誦解說其義如法脩行
正憶念皆是佛之威力唯願世尊在於他方
遙見守護即時諸菩薩俱同發聲而說偈言
唯願不為慮　於佛滅度後　恐怖惡世中　我等當廣說

遙見守護即時諸菩薩俱同發聲而說偈言
唯願不為慮　於佛滅度後　恐怖惡世中　我等當廣說
有諸无智人　惡口罵詈等　及加刀杖者　我等皆當忍
惡世中比丘　邪智心諂曲　未得謂為得　我慢心充滿
或有阿練若　納衣在空閑　自謂行真道　輕賤人間者
貪著利養故　與白衣說法　為世所恭敬　如六通羅漢
是人懷惡心　常念世俗事　假名阿練若　好出我等過
而作如是言　此諸比丘等　為貪利養故　說外道論議
自作此經典　誑惑世間人　為求名聞故　分別於是經
常在大眾中　欲毀我等故　向國王大臣　婆羅門居士
及餘比丘眾　誹謗說我惡　謂是邪見人　說外道論議
我等敬佛故　悉忍是諸惡　為斯所輕言　汝等皆是佛
如此輕慢言　皆當忍受之
濁劫惡世中　多有諸恐怖　惡鬼入其身　罵詈毀辱我

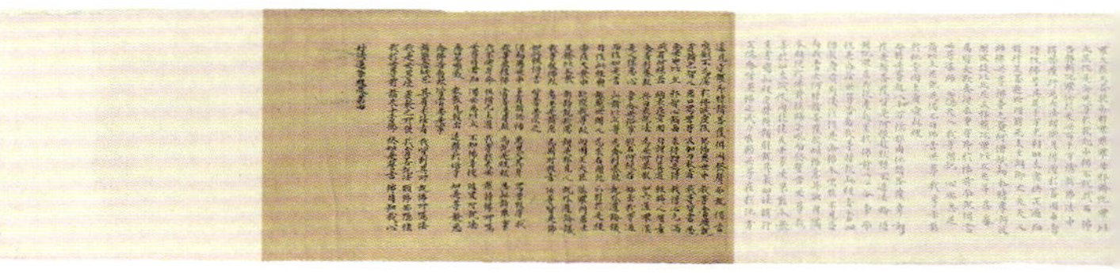

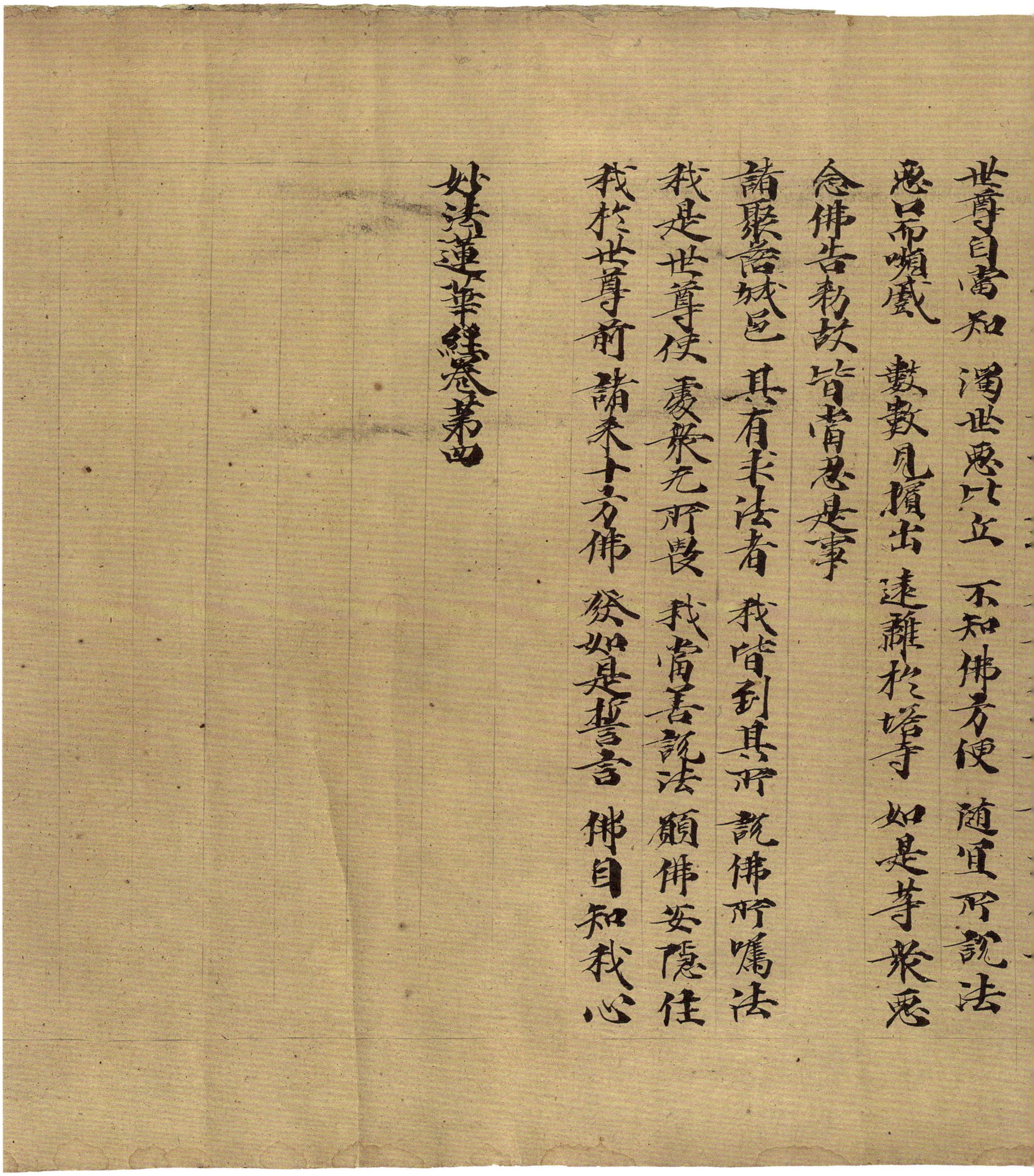

世尊自當知　濁世惡比丘　不知佛方便　隨宜所說法
惡口而顰蹙　數數見擯出　遠離於塔寺　如是等眾惡
念佛告勅故　皆當忍是事
諸聚落城邑　其有求法者　我皆到其所　說佛所囑法
我是世尊使　處眾无所畏　我當善說法　願佛安隱住
我於世尊前　諸來十方佛　發如是誓言　佛自知我心

妙法蓮華經卷第四

BD00314　妙法蓮華經卷四

妙法蓮華經卷第四

BD00314　妙法蓮華經卷四

第四卷廿四紙

BD00314v 勘記

BD00315　究竟大悲經卷二

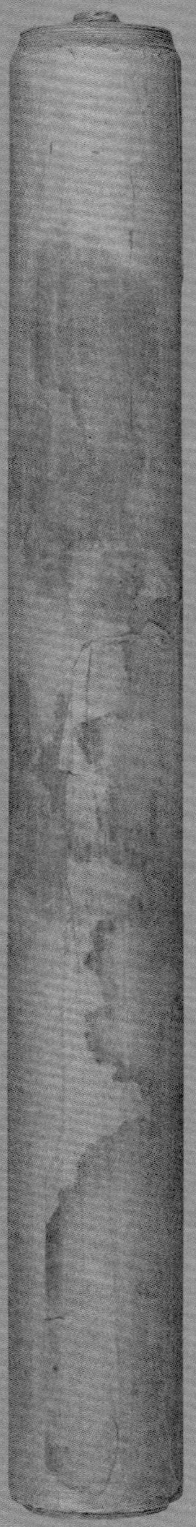

602.5cm × 26cm

當來奉佛品第五

復次[illegible]薩摩訶薩復白佛言世尊如佛
所說一切衆生所有身相皆悉无生若无生
者唯願分別解說
佛告无㝵菩薩摩訶薩曰若達自身即達
佛身究竟自身名究竟佛身若不達自身
則不達佛身若不究竟自身則不究竟佛
身何以故若觀自身如實體解是非雙融
得失永謝香皃一如万相歸玄隨自性流終日
同塵无塵可染終日同識无識可著故知身
心得解脫時貪欲瞋癡皆解脫用
无㝵菩薩摩訶薩白佛言世尊云何名爲身
心悟解脫時貪欲瞋癡皆解脫用唯願大道

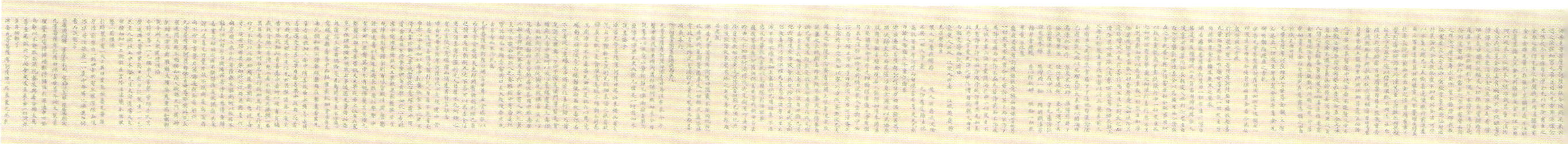

貪欲恚癡解脫用　陰陽交遊名神通
一切身相隨性流　六識及佛和无同
无㝵發作心性王　七十万脉作道場
四大五陰爲法幢　舉動妙寂恒清涼
无㝵菩薩摩訶薩復白佛言世尊五陰四大
貪欲瞋癡是生死業云何名解脫用
佛告无㝵菩薩摩訶薩曰四大五陰貪欲瞋
癡皆寂滅故无生故无滅故垢淨同如故不
萠是非故无選擇故普苞容受故以如是能
消伏故名解脫用
无㝵菩薩摩訶薩白佛言世尊觀自身體解
无所不周自身之上有其地大所以然者以
識覽塵謂爲地大一大不調百一病生地大

識覽塵謂爲地大一大不調百一病生地大
是病本云何而是解脫用
佛告无㝵菩薩摩訶薩曰世間大地荷負四
種重擔一者諸山二者江河三者草木四者
衆生淨穢俱載无心簡擇是名地之功能外
地如是内地亦然病本者謂不消融乖地之
用用同於地即病解脫
无㝵菩薩摩訶薩白佛言世尊地大可尒水
大病本亦有百一云何而言說爲解脫
佛告无㝵菩薩摩訶薩曰汝言地大可尒水
大病本亦有百一者此事不然何以故世間
水者能浣能洗能潤能清而无簡擇无簡擇
故不撰是擇非无選是擇非故垢穢同歸同
歸真淨故名水用外水如是内水亦然以慎

无㝵菩薩摩訶薩白佛言世尊地水可然火
大病本云何有百一云何而說為解脫用
佛告无㝵菩薩摩訶薩曰世間火者香皃俱
燒而无簡擇爲厌是一味无有別外火如此
内火亦然煩火消融名解脫用若乘而遠之
即是病本
无㝵菩薩摩訶薩白佛言世尊地水火可尒
風大病本亦有百一云何世尊說為解脫用
佛告无㝵菩薩摩訶薩曰世間風者香皃
二氣鼓擊善收歸於空理外風如此内風亦
然煩風善收歸空理一即解脫用遠風乘用
名為病源
无㝵菩薩摩訶薩白佛言世尊地水火風一
一道用能[illegible]用名為病源者何名為上[illegible]

无㝵菩薩摩訶薩白佛言世尊地水火風一
一違用乖四用名為病源者何為為是唯願
慈哀愍念會衆及未來衆生開遠慎二法令
[illegible]得聞案教脩學
佛告无㝵菩薩摩訶薩曰地水火風四大尊
重慎是非雙融遠招禍患万端何以故世間
地者慎便增長果實以頭卑之亟命損身受
苦万端水大亦然慎便除去垢穢隨人轉用
投身於[illegible]泥溺而死火大亦然慎便溫和得
中吹生作熟濟養弥寬投身於中亟失躰命
風大亦然慎則鼓擊飄動生長万物投身於
風絕氣而死比挍內外其唯不別慎名體解
遠名外求
无㝵菩薩摩訶薩白佛言世尊雖言比挍內

佛告无㝵菩薩摩訶薩曰一切衆生形質為
地大血脉為水大温暖為火大出入氣為風
大遠於地大則无身遠於水大脉川擁塞遠
於火大不能消融遠於風大絶於氣息是故
憤為體解遠為繼結憤為體解名解脱源遠
為繼結名為病本四百四病由遠而起无量
解脱從憤而生
无㝵菩薩摩訶薩白佛言世尊四大軆解名
為真極色受想行識未蒙大師指授囑當唯
願大師慈哀愍念指授分明解衆生縛
佛告无㝵菩薩摩訶薩曰色同四大受想行
識令為汝等更說受无簡擇无簡擇故得失
是非一異俱受俱受名順即受解脱要辯得

是非一異俱受俱受名順即受解脫妄辯得
失是非名為繼縛亦名病本想者想緣諸境
好惡得失香臭俱緣无所簡擇以无簡擇
故而能遍緣緣而无簡故曰解脫妄為分別名
為病源行者是非二境得失俱遊不肯非存
是故曰解脫遠而從之名為病源識者遍緣
根門不簡垢淨垢淨不簡任根使用名為解
脫若遠一根即為病源何以故慎而无逢名
為體解體解无縛隨自性流隨自性流故一
切身相貪欲恚癡皆解脫用
无导菩薩摩訶薩白佛言世尊言慎者以何
等慎慎於慎復言隨自性流以何等隨隨
自性流聖說精微不能了故唯願指授歸伏體
解

於煩以自性煩煩於自性故知煩性爲聖遠
性爲凡以性煩煩性无煩性據遠名煩遠没煩
亡是即解脱遠名繼業煩名業縛繼縛既没
解脱亦无復言隨自性流以何等隨隨自性
流者以自性隨隨自性流故影現根門普遍
身内以隨隨隨隨无不同无所不同故性隨
性流
尒時世尊說是法時上至頂天下盡六欲宫殿
振動无量大衆不覺喜踊投身佛前
於時衆中有一无垢大士名曰靈真奮迅哮
吼猛无畏力而白佛言如此體解之人當生
何處
佛告靈真曰如此體解者別教所不攝當生
廻頭未成弥勒佛國已成之内自食麥鬻出

BD00315　究竟大悲經卷二

佛告靈真曰如此體解者別教所不攝當生
翅頭末城弥勒佛國化城之内耳貪零嚮出
後隨佛

顯一切衆生身内有佛父母品第六

復次无㝵菩薩摩訶薩白佛言世尊如上所
說體解歸真一切身相皆解脫用一切衆生
分段以下依因父母而有身相身相既顯名
身為解脫用若一切衆生身相悉解脫者此
解脫依因父母而便有之故知應佛緣佛報
佛亦有父母所以然者應佛緣佛報佛有出
生故以有出生必有父母若佛有父母唯願
說之

佛告无㝵菩薩摩訶薩曰汝言問道一切衆
生依因父母而得增長名為解脫者以此類

開通名為父母所以者何一切衆生身内佛
父母者太陽真極以為父无㝵神性以為
母寂照以為父照寂以為母天真以為父靈
宅以為母如此父母出生應佛緣佛報佛真
一无名為引未悟以名名之名起不足名滅有
餘
无㝵菩薩摩訶薩白佛言世尊說太陽真極
以為父无㝵神性以為母寂照以為父照寂
以為母天真以為父靈宅以為母出生之由
未蒙指授
佛告无㝵菩薩摩訶薩曰太陽真極者衆生
根本善惡玄源群識靈宅法界混沌降注歸
下名之為父无邊感應由感影現稱之為母

下名之為父无邊感應由感影現稱之為母
從此父母出生應佛緣佛報佛感受太陽真
極勇現神通通根不住照用千老千差用寂
即是照真明內朗內為真照真照照真混融
大寂寂而常覺謂之生應即覺悏虛謂之
生緣悏虛苞容謂之生報報緣應等皆是
寂用用寂歸寂即寂无寂无寂不寂體消相
融一異俱亡欲言其有不見其所欲言其
无空理吐經不有无有万相由生无尋菩薩
摩訶薩聞法歡喜以偈歎曰
渾渾常不濁　澄澄復不清　清濁合不合
故號生无生　太一真无縫　濛澒混沌流
是非无別用　一一不獨夯　一一一无量
无量一一一　滂流遍法果　帝滿而不溢

是非无異同　信心清流河

佛告无㝵菩薩摩訶薩曰汝今諦聽重說偈

言

身相容受等虛空　納受是非无他我

愛是背非是狂乱　歷劫增長於殃禍

於時无㝵菩薩摩訶薩聞法歡喜頗共法界

衆生常聞深法體解歸真

對治服藥治病品第七

復次无量菩薩摩訶薩白佛言世尊一切衆

生保重身命起无量顛倒雖聞深法不能究

竟徹解其源辟如有人性命為本雖有性命

要假飲食衣服而有存立雖蒙世尊授契要

重玄真路身對意鑛慮動心浮不能就路蹬

真圖中求真妙性為法身要契重玄以為慧

重玄真路身對意鑛處動心浮不能就路蹬
真圍中天真妙性為法身要契重玄以為慧
命唯願世尊為説折伏對鑛之法以嚴法身
慧命
佛告无尋菩薩摩訶薩曰汝今快問是義相
須之法譬如有人居貧日久无方取濟嘿念
思惟我今貧病自不得金无以可除有主之
金取之難得无主之金隨我取用復聞世有
金山金雖无量仍在鑛中其鑛對麁不任鎚
打睹其鑛色與金无別鑛雖是金不任金用
何以故未折伏故未入爐冶故其貧人復作
是念我欲覓金除去貧病關於方便眼睹巨
得得金之來要須取金之具取金具者爐
冶蒙炭甘堝斵杖櫺及人功粮食資儲雖得

之曰汝心精進專求金除貧不能得師我教
汝處安在太府山中紫微宮裏與諸仙賢同
共義論我金具教汝處不知求此金法可得
以不貧人聞已心大歡喜遂便膝行前進逕
由三百里達至其所兩膝穿破不覺種失膝盖
於是長跪師前而求出金之法專精處重不
覺創痛金師語曰此法甚重不得輕然相與觀
汝來心志在究徹以得爲限終不相遠汝自
摧伏我慢結齋百日清禁自居立盟敬重吾
當授與即奉師教摧伏我慢結齋百日清禁
自居要期立盟而至師所師知其意泣而語
之曰要逢良賢途中授与若不逢賢父子不
傳觀汝精專關必領解來吾授汝真金之法

傳觀汝精専閑必領解来吾授汝真金之法
真金之法不過寸素汝持將去慎而用之貧
人得之生大歡喜勇擲還家如法造作遂豐
金用自供除貧惠及親族以此類之慧命法
身如寶真金在自持罣㲲意慮淨鑛之中自
折伏无由可現
无㝵菩薩摩訶薩白佛言世尊金覩大聖
即是出一切衆生身内慧命法身真金无
師唯願指授出之方軌
佛告无㝵菩薩摩訶薩曰成如所言快問出一
切衆生身内慧命法身佛性真金吾今為汝
敷演出之方軌
於時衆中有一菩薩摩訶薩名曰遍敬歡喜
无量而白佛言唯願世尊為説一切衆生身

居是非盈懷增減二見貢高自恃好勝欺人
陵奪所愛慕陌師長輕突父母打斫衆生自
在加害翳彰佛性真金以為鑛用汝今請問
出之方軌吾今與汝指當要切分班事用何
以故上盡龍烏下盡蜫蟻於中一切衆生敬
之如佛所有音聲愛之如法於善於惡不生
分別頂戴如僧以為取炭敬一切衆生如佛
除其我慢貢高敬一切音聲愛之如法除其
是非增減二見於善於惡不生分別敬之如
僧除其好勝欺人陵奪所愛慕陌師長輕突
父母打斫衆生自在加害以此三藥去前三
毒病名之為得炭常居下下進他自退念除
已過不說人短以為智火說火未盡以偈頌曰

已過不說人短以爲智火說火未盡以偈頌曰
高源水不停　窮瀅衆流師　摧慢學卑下
法流自然依　法流常熾然　要先隨下去
信器瀅渠裏　決定在中住　守无蕩諍訟
寂定泯外緣　怨憎同一揆　圓明顯法身
捨身常俱賤　存心作奴婢　供給一切衆
畢竟不休息
遍教菩薩摩訶薩豁然意解而白佛言世尊
一切衆生感於有命悉皆諍其上而不諍下
悉諍其勝而不諍不茹悉皆諍前而不諍後
是故上盡六欲下盡識海於中一切衆生不
見有諍下諍不茹諍後諍賤諍卑識无如是
故學人常處无諍之中怨憎自滅禍无由生
必願受持而說偈曰

衆人所棄我獨存　衆人所存我便捨
不與一切人諍愛　无諍逍遥歸法杜
遍敬菩薩摩訶薩而白佛言世尊炭火已竟
自餘未備願大怜重説圓具
佛告遍敬菩薩摩訶薩曰万相俱融名爲甘
竭泯歸大寂名爲爐冶真除隨感以爲楅扇
鼓擊消融去煻金現若人能得如法奉脩蕩
除堅鑛慧命法身光輝顯曜虚通无㝵周圓
自在又復譬如蜂王將領徒衆入空樹中而
作居宅蜂王諸蜂子曰要須懃力可得蜜成
是諸蜂子受勅加功蜜乃方成蜜既成已有
遇見之即便生念蜜者世間上味方便定取
取蜜之來栰樹去蜂然後取蜜既取得蜜自

取蜜之來栰樹去蜂然後取蜜既取得蜜自
供已用惠及親族是故慧命法身在我見樹
中為貢高疾妬得失是非憍誒自所顯已濁
他我慢陵欺謗毀賢良衆蜂守護先栰其樹
然後去蜂乃得佛性天真慧命法身不生不
滅不腐不壞真如上蜜自供已用同塵不染
惠及无量教人方軌以是因緣對治服藥
遍敬菩薩摩訶薩白佛言世尊栰樹由斧去
蜂由人不知用何法得栰我見樹用何法得
降貢高疾妬得失是非憍誒自所顯已濁他我
慢陵欺謗毀良賢衆蜂之虫慈尊哀愍顯
必為說
佛告无导菩薩摩訶薩曰隨塵不染同他物一
故名栰我見樹覺過尋改一切相泯塵勞歸

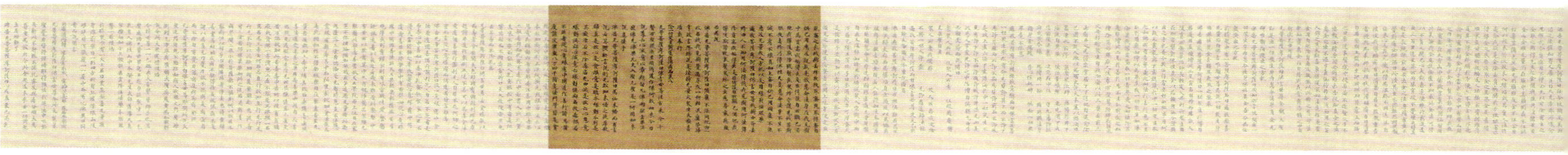

除一切衆生脩道作佛病品苐八
无㝵菩薩摩訶薩白佛言世尊往古來今千
賢万聖從漸至頓脩道作佛何故如來今日
說道亡心滅意亡章断句凡佛兩融玄果俱
空佛无佛果凡夫入聖凡聖是一何用如來
說真法乎
佛告无㝵菩薩摩訶薩曰爲汝未悟而有言
說若其體解言說則无故知未悟之徒尋教
歸真是故心是貪根意是瞋本緣動分別是
其癡源若不除毒害无由滅是故亡心息意
緣動俱寂心滅意亡緣動俱寂名拔毒根若
不然者從心意緣處中脩道作善行諸忍諸
度諸波羅蜜八万四千諸度法門等皆是貪

度諸波羅蜜八万四千諸度法門等皆是貪
瞋癡三毒中脩何以故心意緣慮是三毒根
本故知斷河斷上源栰樹先栰根若不亡心
息意即緣動寐者皆雜毒作善因中雜毒果
亦雜毒譬如乳蜜置毒於中若有人飲乳蜜
美味不變而能煞人乳蜜雖甜中有害毒但
嗜其甜而不顧毒當時口美久後便害然先
去其毒而不除乳蜜
无㝵菩薩摩訶薩白佛言世尊若貪瞋癡以
為毒者貪世間美色財錢寶物尅利擁已廣
起諸非造作顛倒五逆不善可以為毒貪法
愛道慎善脩行讓利先人自居不足何妨之
有而言從心意緣慮而脩道者皆言雜毒
佛告无㝵菩薩摩訶薩曰從心意緣慮中貪

得美當時解之尋後加害從心意緣處中脩
道愛善非不得樂樂中有苦譬如從心意緣
處中脩治善法招天王果報果報精微世望
絶伴衣則寶餝食則百味宮殿佳麗馨鬱
餘振遠著似炎近若飛來雖愛此樂樂中
有苦所以然者其中亦有魄怖驚苦衆懷死
難藉此雜毒善資敬天王果既居上位自在處
竟不依理路横加煞戮滋多造過无量因此過
起墜落三塗苦惱備受无暫時息豈不依因心
意緣處雜毒善中而招重處故知貪法愛道
毒乳相和作不得樂緣樂自在樂盡苦至无
量苦逼故知三毒中脩善故名毒脩善毒脩
善法還受毒善之果因毒善果中起自在業

善法還受毒善之果因毒善果中起自在業
煞穢无道縱意造作无所畏憚遂落三塗受
苦万端故知此苦善毒中苦何以故有貪瞋
癡故貪佛一毒憎惡二毒不識要與佛體一名
異名為三毒云何名為真行故知真行无行无
行无不行以此驗知脩道要期斷惡從善
背三塗苦歸佛果樂如此之徒名為脩道作
病聲聞二乘小行菩薩都不能斷何以故非不
能斷但以封身心强偏枯著淨去惡情重歸
善處甚繼結成病不能得捨是故保病為是
謂以為真无内覺力故不識病是病愛病
而不捨自有覺力識病是病即病解脫
无导菩薩摩訶薩白佛言世尊雖聞此說大
衆迷悶須絕不甦猶如病人欲趣死門精神

尒時世尊一一毛端出大音聲皆師子吼其
聲遍滿无量世界爲王遊步從衆生一一毛
孔直入佛性山中本際无生大寂道場天真
理種如如子上靉靆垂雲降注法藥本顛皷
擊一時惺悟
於時衆中有一大士名曰靈真歡喜无量踊
身佛前舉目一盼四方所有丘墟塚垠山陵
堆埠皆作微塵一一塵中各有化佛異口同
音而說偈言
同塵隨物轉　事用常不或　寫神泯是非　現居安樂國
无导菩薩摩訶薩白佛言世尊今此大衆蒙
聖覺力皆得惺悟雖得惺悟於深法中不能
具解以不解故不識乳蜜及與毒合類大悲

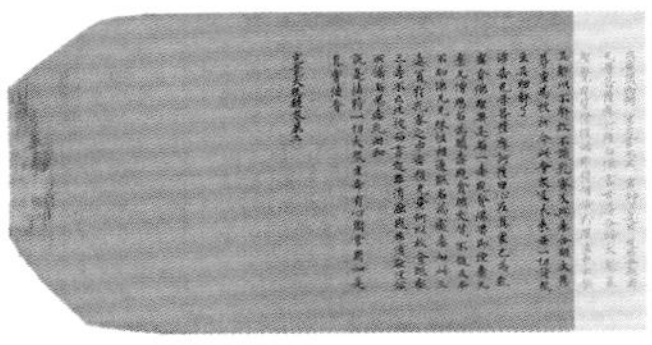

具解以不解故不識乳蜜及與毒合類大悲
尊重為披析令此會衆及未來世一切諸衆
生具細解了
佛告无导菩薩摩訶薩曰心在真處已為乳
蜜貪佛聖果是名一毒既貪佛果即便棄凡
棄凡憎惡名為瞋毒既貪瞋交競不覩及本
不知佛凡无殊性相通照名為癡毒如此三
毒置於乳蜜之中皆損无量何以故貪瞋癡
三毒不二比挍而言定非消融既非消融生滅
所攝名為毒乳相和
說是法時一切大衆生希有心願常聞如是
真實法音

究竟大悲經卷第二

BD00315　究竟大悲經卷二

BD00316 合部金光明經卷三

（隋）寶貴 合

366.7cm × 26cm

金色晃耀
无量淨……滿无量億……王圍遶恭敬
供養轉於无上微妙法輪菩薩悉見善男子
云何初地而名歡喜得出世心昔所未得而
今始得大事大用如意所願悉皆成就大歡
喜慶樂故是故初地名為歡喜地一切微細
之罪破戒過失皆清淨故是故二地說名无
垢地无量智慧光明三昧不可傾動无能摧
伏聞持陁羅尼為作本故是故三地說名明
地能燒煩惱以智慧火增長光明是脩行道
品依處所故是故四地說名焰地是脩行方
便勝智自在難得故見思煩惱不可伏故是
故五地說名難勝地行法相續了了顯現无

清淨无鄣无礙是故七地說名遠行地无相
正思惟脩得自在諸煩惱行不能令動是故
八地說名不動地說一切種種法而得自在
无患累故增長智慧自在无礙是故九地說
名善慧地法身如虛空智慧如大雲能令遍
滿覆一切故是故第十地說名法雲地地欲
行有相道是无明生死怖畏是无明依二種
麁心是初地鄣微細罪過因无明種種業行
相因无明依二種麁心是二地鄣昔所未得
勝利得故動踊因无明不具聞持陁羅尼因
无明依二種麁心是三地鄣味禪定樂生愛
著心因无明微妙淨法愛因无明依二種麁
心是四地鄣一意欲入涅槃思惟一意欲入

BD00316　合部金光明經卷三

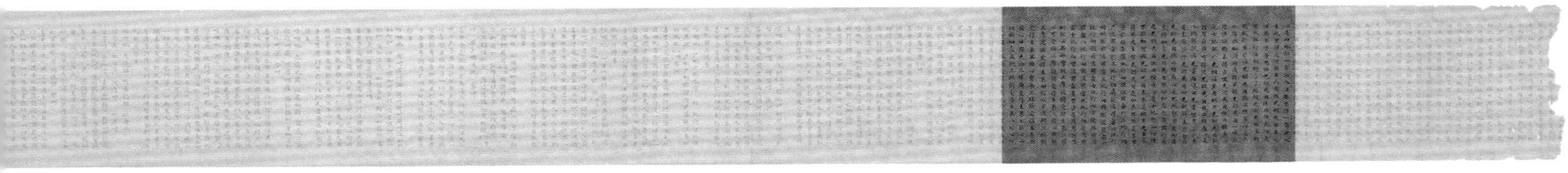

心是四地鄣一意欲入涅槃思惟一意欲入
生死思惟是涅槃生死思惟无明為因生死
涅槃不平等思惟无明為因依二種麁心是
五地鄣行法相續了了顯現无明為因法相
數數行至於心无明為因依二種麁心是六
地鄣微細諸相或現不現无明為因一味熟
思惟欲斷未得方便无明為因依二種麁心
是七地鄣於无相法多用功力无明為因執
相自在難可得度无明為因依二種麁心是
八地鄣說法无量名味句无量智慧分别无
量未能攝持无明為因四无礙辯未得自在
无明為因依二種麁心是九地鄣最大神通
未得如意无明為因微妙秘密之藏脩行未

得不更生智无明為因是如来地鄣是善男
子於初菩薩地行向檀波羅蜜於二地行向
尸波羅蜜於三地行向羼提波羅蜜四地行
向毗梨邪波羅蜜五地行向禪那波羅蜜六
地行向般若波羅蜜七地行向方便勝智波
羅蜜八地行向願波羅蜜九地行向力波羅
蜜十地行向智波羅蜜善男子菩薩摩訶薩
初發心名妙寶起三摩提攝受得生第二發
心可愛住三摩提攝受得生第三發心難動
三摩提攝受得生第四發心不退轉三昧攝
受得生第五發心寶華三昧攝受得生第六
發心日圓光焰三昧攝受得生第七發心一
切願如意成就三昧攝受得生第八發心現
前證住三昧攝受得生第九發心智藏三昧

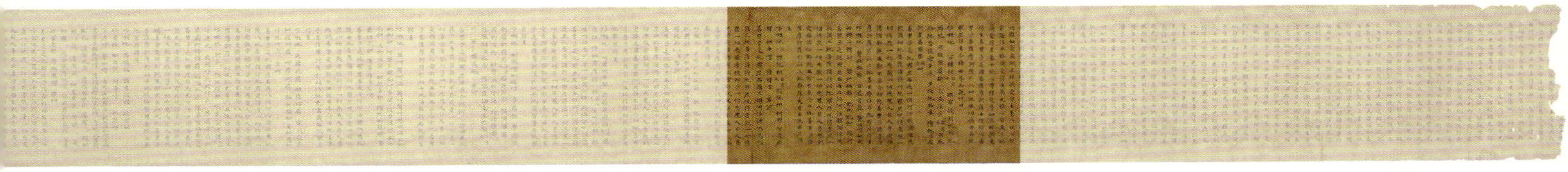

發心日圓光炎三昧攝受得生第七發心一
切願如意成就三昧攝受得生第八發心現
前證住三昧攝受得生第九發心智藏三昧
攝受得生第十發心首楞嚴摩伽三昧攝受
得生善男子是諸菩薩摩訶薩十種發心善
男子菩薩摩訶薩於此初地依功德力名陀
羅尼得生尒時世尊而說呪曰
哆姪他　富樓抳（諸履反）　那羅提頭吼頭吼
頭吼　邪趺脩履瑜　烏婆婆底（當履反）　邪趺
旃陀魯提逾多底　多趺陀駱㦸　檀拖波履
訶嵐蔔留莎（音鎖）呵
善男子是陀羅尼名過一恒河沙數諸佛為
救護初地菩薩誦持此陀羅尼呪得度脫一
切怖畏一切惡獸一切惡鬼人非人等災橫

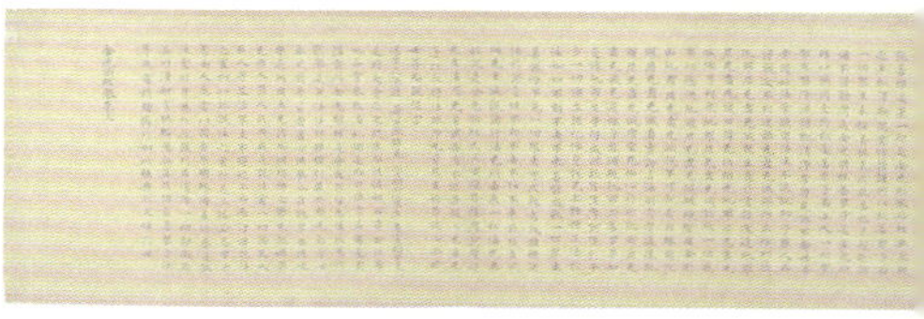

哆咥他　髆社羯離　盲履盲履　髆社嚕社羅
祢禪汁禪汁　髆和羯離　吼柳吼柳　莎訶
善男子是陁羅尼名過二恒河沙數諸佛為
救護二地菩薩誦持此陁羅尼呪得度脫一
切怖畏一切惡獸一切惡鬼人非人等怨賊
災横諸惱解脫五鄣不妄念二地善男子菩
薩摩訶薩於此三地難勝大力名陁羅尼得
生
哆咥他其一　檀陁枳畐置反　搬陁枳　柯羅　智高剌
智　枳由嚕　檀智嚕　莎訶
善男子是陁羅尼名過三恒河沙諸佛為救
護三地菩薩誦持陁羅尼呪得度脫一切怖
畏一切惡獸虎狼師子一切惡鬼人非人等
怨賊災横者有惱害解脫五鄣不妄念三地

護三地菩薩誦持陀羅尼呪得度脫一切怖
畏一切惡獸虎狼師子一切惡鬼人非人等
怨賊灾横諸有惱害解脫五部不妄念三地
善男子菩薩摩訶薩於此四地大利益難壞
名陀羅尼得生
哆姪他 尸唎尸唎陀寐 抳 陀寐抳陀邏
陀邏抳 尸唎尸唎抳陛捨邏婆從波豕那
縣陀祢奴紫反 莎訶
善男子是陀羅尼名過四恒河沙諸佛為救
護四地菩薩誦持陀羅尼得度一切怖畏一
切惡獸虎狼師子一切惡鬼人非人等怨賊
灾横及諸毒害解脫五部不妄念四地善男
子菩薩摩訶薩於此五地種種功德莊嚴名
陀羅尼得生

婆呵抳悉躭婆呵抳謨呵抳　鎖塩部吼陛莎訶
善男子是陁羅尼名過五恒河沙諸佛為救
護五地菩薩誦持陁羅尼得度一切怖畏一
切毒害虎狼師子一切惡鬼人非人等怨賊
灾害諸有惱害解脫五鄣不妄念五地善男
子是菩薩摩訶薩於此六地圓智等名陁羅
尼得生
哆姪他　毗頭嚕毗頭嚕　摩履抳　摩履抳
柯履柯履苾蒲慄反　頭誘訶底　溜溜溜溜
周柳周柳　杜魯婆杜魯婆　捨捨捨者
婆娑鎖活私底　薩婆薩埵南悉祢顯呼輦反
卄　曼多囉波柂　莎訶
善男子是陁羅尼名過六恒河沙諸佛為救

善男子是陁羅尼名過六恒河沙諸佛為救
護六地菩薩誦持陁羅尼得度一切怖畏一
切毒害虎狼師子一切惡鬼人非人等怨賊
灾横諸有惱害解脫五鄣不妄念六地善男
子菩薩摩訶薩於此七地法勝行名陁羅尼
得生
哆姪他　闍呵闍呵漏　闍呵闍呵闍呵漏　毗柳
毗柳枳　阿蜜多羅伽呵多抳　波力灑抳　毗柳
毗枳　波柳波底　毗提喜枳　頻陁毗履柅　蜜
栗怛底枳　蒱幕蒱幕莎呵
善男子是陁羅尼名過七恒河沙諸佛為救
護七地菩薩誦持此陁羅尼呪得度一切怖
畏一切惡獸虎狼師子一切惡鬼人非人等

得生
哆𠯫他　死履死履　始履始履　寐底寐底
柯履柯履　呵履呵履　醯柳醯柳　周柳周柳
伴陁呵寐　莎呵
善男子是陁羅尼名過八恒河沙諸佛為救
護八地菩薩誦持陁羅尼得度一切怖畏一
切惡獸虎狼師子一切惡鬼人非人等怨賊
毒害灾横解脫五鄣不妄念八地善男子菩
薩摩訶薩於此九地无量門名陁羅尼得生
哆𠯫他　訶底　栴陁履枳　鳩嵐婆邏體（他枳反）
汁邏死　扶頭哆扶頭哆死　屎履屎履柯
屎履柯補脩履　鎖活私底　薩婆薩墟南莎呵
善男子是陁羅尼名過九恒河沙諸佛為救
護九地菩薩誦持陁羅尼呪得度一切怖畏

善男子是陁羅尼名過九恒河沙諸佛為救
護九地菩薩誦持陁羅尼呪得度一切怖畏
一切惡獸虎狼師子一切惡鬼人非人等怨
賊毒害灾横觧脫五郭不妄念九地善男子
菩薩摩訶薩於此十地破壞堅固金剛山名
陁羅尼得生
哆𠯈他　悉提醯　脩悉提醯　姪者祢
姪者祢　毗目底　阿摩嚂　毗摩嚂
涅摩嚂　瞢伽嚂　喜賴若伽賴陛　賴那伽伽賴陛醯
娑曇多跋陁提嚂　薩賴趺賴他娑陁掘　摩那死摩訶
那死　遏部吼底　遏掐部吼底　娑羅上　提毗
羅上　提　遏周底　阿美里底　阿羅上　是
毗羅上　是娑嵐摩訶寐　娑嵐摩訶嵐寐　富婁

沙諸佛為救護十地菩薩誦持陁羅尼呪得
度一切怖畏一切惡獸虎狼師子一切惡鬼
人非人等怨賊毒害災横解脫五鄣不妄念
十地尒時師子相无礙光焰菩薩即從座起
偏袒右肩右膝著地合掌恭敬頂礼佛足即
以偈頌而讚歎佛
敬礼无譬喻 說深无相義 衆生失於見 世尊能濟度
世尊佛眼故 无見一法相 无上尊法眼 見不思議義
不能生一法 亦不滅一法 為平等見故 尊至无上處
不損生死故 爾尊證涅槃 過二法見故 是故證寂靜
世尊知一味 淨品不淨品 不分別界故 獲无上清淨
世尊无邊身 不說一言字 一切弟子衆 飽滿法雨故
衆生相思惟 一切種皆无 因苦諸衆生 世尊普救濟
苦樂常无常 有我无我等 如是衆多義 世尊慧无著

BD00316　合部金光明經卷三

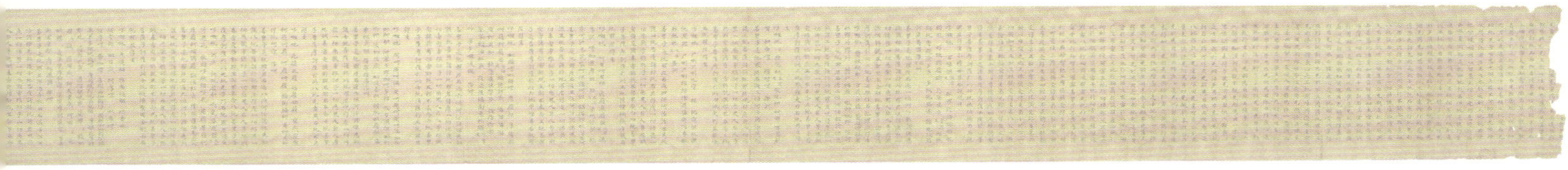

甞樂常无常 有我无我等 如是衆多義 世尊慧无著
世間不一異 譬如空谷響 不度亦不滅 唯佛能了知
法界无分别 是故无異乘 為度衆生故 分别說三乘
是時大自在梵王於大會中從座而起偏袒
右肩右膝著地合掌恭敬頂礼佛足而白佛
言世尊希有難量是金光明經微妙之義究
竟滿足皆能成就一切佛法一切佛恩佛言
如是如是善男子如汝所說善男子若得聽
聞是金光明經一切菩薩不退阿耨多羅三
藐三菩提何以故善男子是不退地菩薩成
熟善根是第一印是金光明微妙經典衆經
之王故得聽聞受持讀誦何以故善男子若
一切衆生未種善根未成熟善根未親近諸

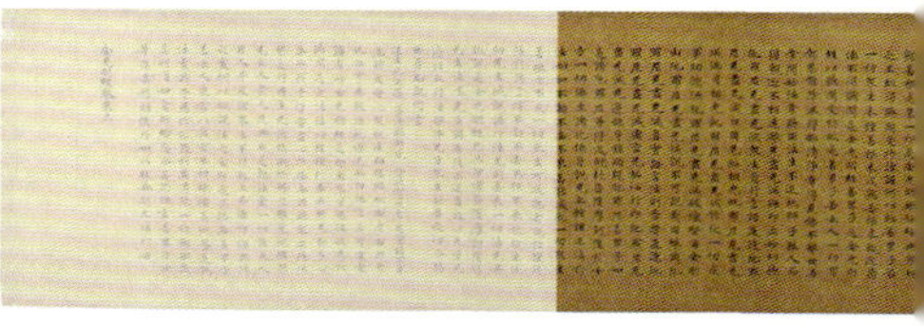

鄣悉能除滅得極清淨常得見佛不離世尊
常聞妙法常聽正法生不退地師子勝人而
得親近不相遠離无盡无滅海印出妙功德
陁羅尼无盡无滅衆生意行言語通達陁羅
尼无盡无滅日圓无垢相光陁羅尼无盡无
滅滿月相光陁羅尼无盡无滅能伏一切惑
事功德流陁羅尼无盡无滅破壞堅固金剛
山陁羅尼无盡无滅說不可說義因緣藏陁
羅尼无盡无滅真實語言法則音聲通達陁
羅尼无盡无滅虛空无垢心行印陁羅尼无
盡无滅无邊佛身能顯現陁羅尼善男子如
是諸陁羅尼等得成就故菩薩摩訶薩於十
方一切佛土諸化佛身說无上種種正法於
法如如不動不去不來善能成熟一切衆生

方一切佛土諸化佛身說无上種種正法於
法如如不動不去不来善能成熟一切衆生
善根亦不見一切衆生可成熟者說種種諸
法於諸言辭不動不去不住不来能現生滅
向无生滅說諸行法无所去来一切法无異
故說是金光明經已三万億菩薩摩訶薩得
无生法忍无量諸菩薩不退菩提心无量无
邊比丘得法眼淨无量衆生發菩提心尒時
世尊而說偈言
逆生死流道　甚深微難見　貪欲覆衆生　愚冥暗不見
是時大會之衆從座而起偏袒右肩右膝着
地合掌恭敬頂礼佛足而白佛言若有處處
講宣此金光明經是會大衆皆悉往彼為作

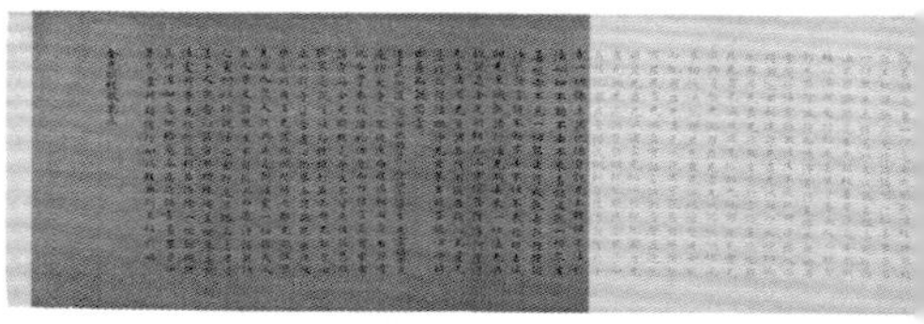

樂是所國土无諸怨賊恐怖之難无飢饉畏
无非人畏人民興盛是說法處一切諸天人
非人等及諸衆生不得從上而過汙慢說法
之處何以故說法之處即是其塔若善男子
善女人應當以諸香華繒綵幡蓋供養是說
法處我等爲作救護利益消除一切鄣礙隨
其所須如意供給悉令具足佛言善男子汝
等應當精勤脩行如此經典則久住於世

金光明經卷第三

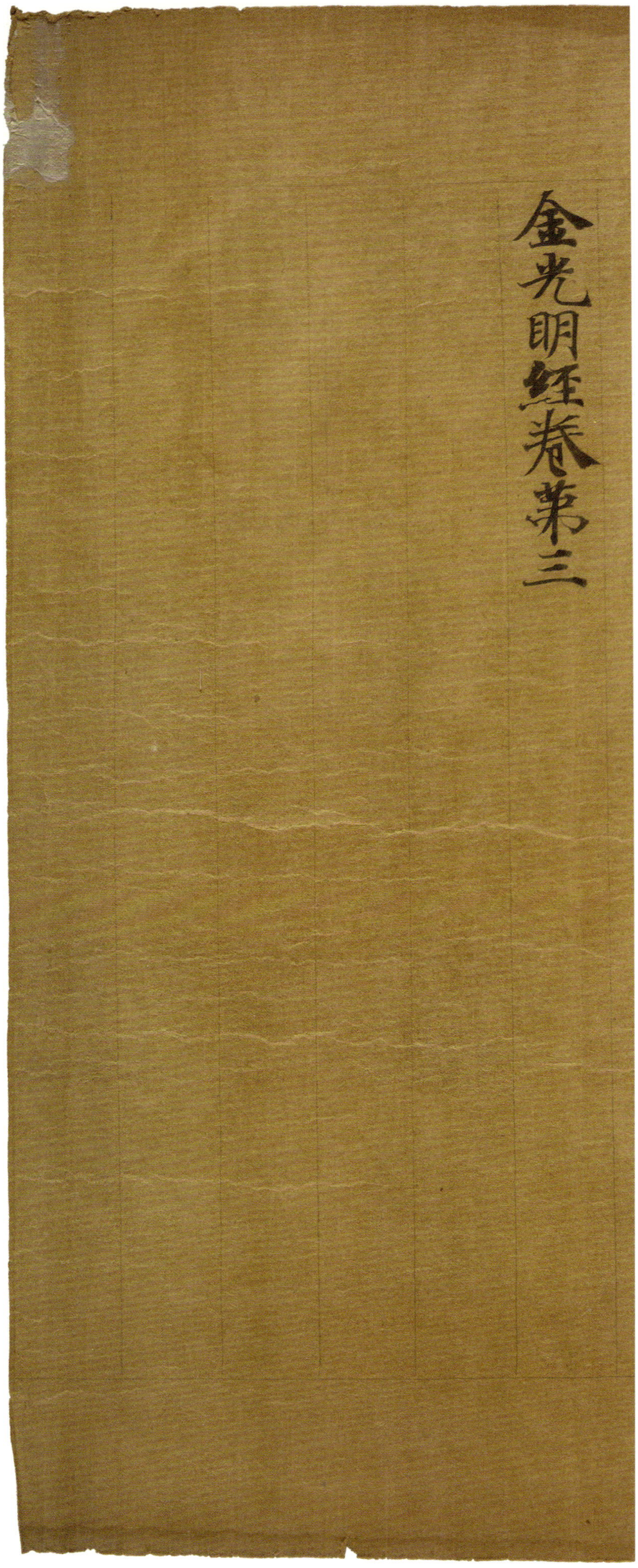

BD00316　合部金光明經卷三

BD00317 灌頂章句拔除過罪生死得度經

（東晉）帛尸梨蜜多羅 譯

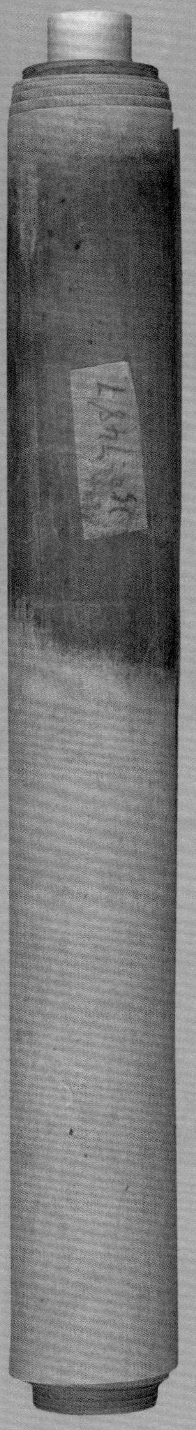

573.7cm × 25.7cm

渴想甘食美饍悉持
藥四願者使我来
星中之月消除
界行者見道熱得
第五願者使我来世
无濁穢慎護所受令
戒行具足堅持不犯
第六願者使我来世若……生諸根
者使視聾者得聽瘂者能語僂者得
能行如是不完具者悉令具足
第七願者使我来世十方世界若有苦惱无
救護者我爲此等設大法藥令諸疾病皆得

无量衆生講宣妙法令得度脫入智慧門普
使明了无諸疑惑
第九願者使我來世摧伏惡魔及諸外道顯
揚清淨无上道法使入正真无諸邪僻迴向
菩提八正覺路
第十願者使我來世若有衆生王法所加臨
當刑戮无量怖畏愁憂苦惱若復鞭撻枷鏁
其體種種恐懼逼切其身如是无邊諸苦惱
等悉令解脫无有衆難
第十一願者使我來世若有衆生飢火所惱
令得種種甘美飲食諸天餚饍種種无數悉
以施與令身充足

以施與令身充足
第十二願者使我來世若有貧凍裸路衆生
即得衣服窮乏之者施與珎寶倉庫盈溢无
所乏少一切皆受无量快樂乃至无有一人
受苦使諸衆生和顏悅色形狼端嚴人所憙
見琴瑟鼓吹以是无量最上音聲施與一切
无量衆生是爲十二微妙上願
佛告文殊師利此藥師琉璃光佛本願功德
如是我今爲汝略說其國土莊嚴之事此藥
師琉璃光佛如來國土清淨无五濁无愛欲
无意垢以白銀琉璃爲地宮殿樓閣悉用七
寶亦如西方无量壽國无有異也有二菩薩

文殊師利白佛言唯願演說藥師琉璃光佛
如來无量功德饒益衆生令得佛道佛言若
有善男子善女人新破衆魔來入正道得聞
我說是藥師琉璃光佛如來名字者魔家眷
屬退散馳走如是无量拔衆生苦我今說之
佛告文殊師利世間有人不解罪福慳貪不
知布施令世後世當得其福世人愚癡但知
貪惜寧自割肉而噉食之不肯持錢財布施
求後世之福世有人身不求衣食此大慳貪
命終以後當墮餓鬼及畜生中聞我說是藥
師琉璃光佛如來名字之時无不解脫憂苦
者也皆作信心貪福畏罪人從索頭與頭索

BD00317　灌頂章句拔除過罪生死得度經

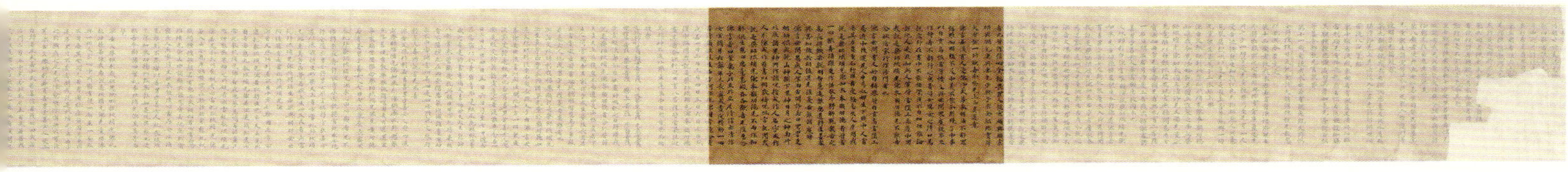

者也皆作信心貪福畏罪人從索頭與頭索
眼與眼乞妻與妻乞子與子求金銀珍寶皆
大布施一時歡喜即發无上正真道意
佛言若復有人受佛淨戒尊奉明法不解罪
福雖知明經不及中義不能分別曉了中事
以自貢高恒當憎憒及與世間衆魔從事更
作縛著不解行之戀著婦女恩愛之情口為
說空行在有中不能發覺復不自知但能論
說他人是非如此人輩皆當墮三惡道中聞
我說是藥師琉璃光佛本願功德无不歡喜
念欲捨家行作沙門者也
佛言世間有人好自稱譽皆自貢高當墮三

説是藥師琉璃光佛如來本願功德者皆當
一心歡喜踊躍更作謙敬即得解脫衆苦之
患長得歡樂聰明智慧遠離惡道得生善處
與善知識共相值遇无復憂苦離諸魔縛
佛言世間愚癡人輩兩舌鬪諍惡口罵詈更
相嫌恨或就山神樹下鬼神日月之神南斗
北辰諸鬼神所作諸呪詛或作人名字或作
人形像或作符書以相厭禱呪咀言説聞我
説是藥師琉璃光佛本願功德无不兩作和
解俱生慈心惡意悉滅各各歡喜无復惡念
佛言若四輩弟子比丘比丘尼清信士清信
女常脩月六齋年三長齋或晝夜精勤一心
苦行願欲生西方阿彌陀佛國者憶念晝

BD00317　灌頂章句拔除過罪生死得度經

女常脩月六齋年三長齋或晝夜精勤一心
苦行願欲往生西方阿弥陁佛國者憶念晝
夜若一日二日三日四日五日六日七日或
復中悔聞我說是藥師琉璃光佛本願功德
盡其壽命欲終之日有八菩薩皆當飛往迎
其精神不逕八難生蓮華中自然音樂而相
娛樂
文殊師利菩薩　觀世音菩薩　得大勢至菩薩　无盡意菩薩
寶檀華菩薩　藥王菩薩　藥上菩薩　弥勒菩薩
佛言假使壽命自欲盡時臨終之日得聞我
說是藥師琉璃光佛本願功德者命終皆得
上生天上不復歷三惡道中天上福盡若下

若是女人化成男子无復憂苦患難者也
佛語文殊師利我稱譽顯說是藥師琉璃光
佛至真等正覺本所脩集无量行願功德如
是文殊師利從坐而起長跪叉手白佛言世
尊佛去世後當以此法開化十方一切衆生
使其受持是經典也若有善男子善女人愛
樂是經受持讀誦宣通之者復能專念若一
日二日三日四日五日六日乃至七日憶念
不忘能以好素帛書取是經五色雜綵作囊
盛之者是時當有諸天善神四天大王龍神
八部常來營衛愛敬此經日日作礼持是經
者不隨横死在所安隱惡氣消滅諸魔鬼神

者不隨橫死在所安隱惡氣消滅諸魔鬼神
亦不中害佛言如是如是如汝所説文殊師
利言天尊所説言无不善
佛告文殊師利若有善男子善女人發心造
立藥師瑠璃光佛如來形像供養礼拜懸雜
色幡蓋燒香散華歌詠讚嘆圍遶百匝還坐
本處端坐思惟念藥師琉璃光佛无量功德
若有善男子善女人七日七夜菜食長齋供
養礼拜藥師琉璃光佛求心中所願者无不
獲得求長壽得長壽求富饒得富饒求安隱
得安隱求男女得男女求官位得官位若命
過以後欲得生妙樂天上者亦當礼拜琉璃

相值遇者亦當礼拜琉璃光佛
佛告文殊師利若欲生十方妙樂國土者亦
應礼敬琉璃光佛若欲得生兜率天上見彌
勒者亦應礼敬琉璃光佛若欲遠諸邪道亦
當礼敬琉璃光佛若夜惡夢鳥鳴百怪蜚尸
耶忤魍魎鬼神之所嬈者亦當礼敬琉璃光
佛若為水火所焚飄者亦當礼敬琉璃光佛
若入山谷為虎狼熊羆疾梨諸狩象龍蚖虵
蝮蝎種種雜類若有惡心來相向者心當存念
瑠璃光佛山中諸難不能為害若他怨賊偷
竊惡人怨家債主欲來侵凌心當存念琉璃
光佛則不為害以善男子善女人礼敬琉璃

BD00317　灌頂章句拔除過罪生死得度經

光佛則不爲害以善男子善女人礼敬琉璃
光佛如来功德所欽華報如是况果報也是
故吾今勸諸四輩礼事琉璃光佛至真等正
覺
佛告文殊師利我但爲汝略説琉璃光佛礼
敬功德若使我廣説是琉璃光佛无量功德
與一切人求心中所願者從一劫至一劫故
不周遍其世間人若有著牀瘦黄困篤悪病
連年累月不差者聞我説是琉璃光佛名字
之時横病之厄无不除愈唯除宿殃不可請
耳佛告文殊師利若有善男子善女人受三
自歸若五戒若十戒若善信菩薩廿四戒若

說是琉璃光佛終不墮三惡道中必得解脫
若人愚癡不受父母師友教誨不信佛不信
經不信聖僧當墮三惡道中忘失人種受畜
生身聞我說是琉璃光佛善願功德即得解
脫佛告文殊師利世有惡人雖受佛禁戒觸
事違犯或煞无道偷竊他人財寶欺詐忘語
婬他婦女飲酒鬬乱兩舌惡口罵詈罵人犯
戒為惡復祠祀鬼神有如是過罪當墮地獄
中若當屠割若抱銅柱若鐵鉤出舌若洋銅
灌口者聞我說是瑠璃光佛即得解脫
佛告文殊師利其世間人豪貴下賤不信佛
不信經道不信沙門不信有須陁洹不信有

BD00317　灌頂章句拔除過罪生死得度經

不信經道不信沙門不信有須陁洹不信有
斯陁含不信有阿那含不信有阿羅漢不信
有辟支佛不信有十住菩薩不信有三世之
事不信有十方諸佛不信有本師釋迦牟尼
佛不信人死神明更生善者受福惡者受殃
有如是之罪應墮三惡道中聞我說是藥師
流璃光佛名字之者一切過罪自然消滅
佛告文殊師利若有善男子善女人聞我說
是藥師瑠璃光佛至真等正覺其誰不發无
上正真道意後皆當得作佛人居世間仕官
不遷治生不得飢寒困厄忘失財產无復方
計聞我說是藥師琉璃光佛各各得心中所

為怨家所得便者心當存念琉璃光佛若他
婦女生產難者皆當念是藥師琉璃光佛兒
即易生身躰平政无諸疾痛六情完具聰明
智慧壽命得長不遭枉橫善神擁護不為惡
鬼舐其頭也
佛說是語時阿難在右邊佛顧語阿難言汝
信我為文殊師利說往昔過東方十恒河沙
有佛名藥師琉璃光本願功德者不阿難白
佛言惟天中天佛之所說何敢不信耶佛復
語阿難言世間人雖有眼耳鼻舌身意人常
用是六事以自迷惑信世俗魔耶之語不信
至真至誠度世苦切之言如是人輩難可開

至真至誠度世苦切之言如是人輩難可開
化阿難白佛言世尊世人多有惡逆下賤之
者若聞佛說是經開人耳目破治人病除人
陰冥使覩光明解人疑結去人重罪千劫万
劫无復憂患皆因佛說藥師琉璃光佛本願
功德悉令安隱得其福也
佛言阿難汝口為言善而汝內心狐疑我言
阿難汝莫作是念以自毀敗佛言阿難我見
汝心我知汝意汝知之不阿難即以頭面着
地長跪白佛言如天中天所說我造次聞佛
說是藥師琉璃光佛極大尊貴智慧巍巍難
可度量我今有小疑耳敢不首伏佛言汝智

真之道
文殊師利問佛言世尊說是藥師琉璃光佛
如來无量功德如是不審誰肯信此言者佛
荅文殊師利言唯有百億諸菩薩摩訶薩當
信此言唯有十方三世諸佛當信是言耳
佛言我說是藥師琉璃光佛如來本願功德
難可得聞何況得見亦難得說難得書寫亦
難得讀文殊師利若有善男子善女人能信
是經受持讀誦書著竹帛復能為他人解說
中義此皆先世以發道意今復得聞此微妙
法開化十方无量衆生當知是人必當得至
无上正真道也

无上正真道也
佛告阿難我作佛以來從生死復坐生死勤
苦累劫无所不經无所不歷无所不作无所
不為如是不可思議況復琉璃光佛大願功
德者乎汝所以有疑者亦復如是阿難汝聞
佛所說汝諦信之莫作疑惑佛語至誠无有
虛偽亦无二言佛為信者施不為疑者說阿
難汝莫作小疑以毀大乘之業汝却後亦當
發摩訶衍莫以小道毀汝功德阿難言唯天
中天我從今日以去无復尒心唯佛自當知
我心耳
佛語阿難此經能照諸天宮殿若三灾起時

不調是經能除他方逆賊悪令斷滅四方夷
狄各還正治不相燒惱國土交通人民歡樂
是經能除穀貴飢凍是經能滅悪星變怪是
經能除疾毒之病是經能救三悪道苦地獄
餓鬼畜生等苦若人得聞此經典者无不解
脫厄難者也
尒時衆中有一菩薩名曰救脫從坐而起整
衣服叉手合掌而白佛言我等今日聞佛世
尊演說過東方十恒河沙世界有佛号瑠璃
光一切衆會靡不歡喜救脫菩薩又白佛言
若族姓男女其尫羸著牀痛惱无救護者
我今當勸呼請衆僧七日七夜齋戒一心受

我今當勸呼請衆僧七日七夜齋戒一心受
持八禁六時行道卌九遍讀是經典勸然七
層之燈亦勸懸五色續命神幡阿難問救脫
菩薩言續命幡燈法則云何救脫菩薩語阿
難言神幡五色卌九尺燈亦復尒七層之燈
一層七燈燈如車輪若遭危難閉在牢獄枷
鎖著身亦應造立五色神幡然卌九燈應放
雜類衆生至卌九可得過度危厄之難不為
諸横悪鬼所持
救脫菩薩語阿難言若天王大臣及諸輔相
王子妃主中宮婇女若病苦所惱亦應造立
五色繒幡然燈續明救諸生命散雜色華燒

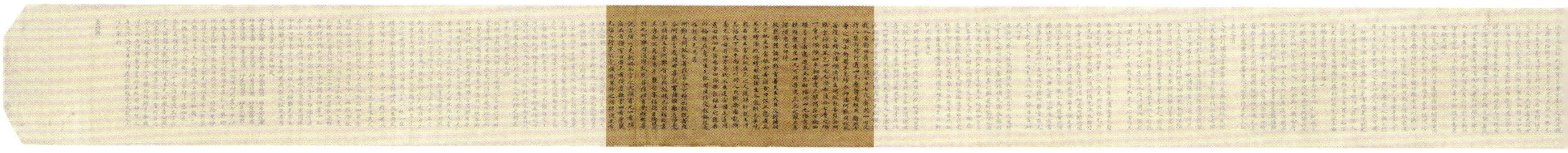

毒无病苦者四方夷狄不生逆害國土通同
慈心相向无諸惡害四海歌詠稱王之德秉
此福祿在意所生見佛聞法信受教誨從是
福報至无為道
阿難又問救脫菩薩言命可續也救脫菩薩
荅阿難言我聞世尊說有諸横勸造播蓋令
其脩福又言阿難昔沙弥救蟻已脩福故盡
其壽命不更苦患身體安寧福德力強使之
然也阿難因復問救脫菩薩横有幾種世尊
說言横乃无數略而言之大横有九一者横
病二者横有口舌三者横遭縣官四者身羸
无福又持戒不完横為鬼神之所得便五者

无福又持戒不完橫為鬼神之所得便五者
橫為劫賊之所剝脫六者橫為水火焚漂七
者橫為雜類禽狩所噉八者橫為怨讎符書
厭禱邪神牽引未得其福但受其殃先亡牽
引亦名橫死九者有病不治又不脩福湯藥
不慎針灸失度不值良醫為病所困於是滅
亡又信世間妖孽之師為作恐動寒熱言語
妄發禍福所犯者多心不自正不能自定卜
問覓禍殺猪狗牛羊種種衆生解奏神明呼
諸耶妖魍魎鬼神請乞福祚欲望長生終不
能得愚癡迷惑信耶倒見死入地獄展轉其
中无解脫時是名九橫
救脫菩薩語阿難言其世間人瘦黄之病困

引故使然也救脫菩薩語阿難言閻羅王者
主領世間名籍之記若人爲惡作諸非法无
孝順心造作五逆破滅三寶无君臣法又有
衆生不於五戒不信正法設有受者多所毀
犯於是地下鬼神及伺候者奏上五官五官
料簡除死定生或注錄精神未判是非若已
定者奏上閻羅王閻羅王鑒察隨罪輕重考
而治之世間瘻黄之病困篤不死一絕一生
猶其罪福未得料簡錄其精神在彼王所或
七日五日三七日乃至七七日名籍定者放
其精神還其身中如從夢中見其善惡其人
若明了者信驗罪福是故我今勸諸四輩造
續命神幡然卌九燈放諸生命以此幡燈放

若明了者信驗罪福是故我今勸諸四輩造
續命神幡然卅九燈放諸生命以此幡燈放
生功德拔彼精神令得度苦今世後世不遭
厄難救脫菩薩語阿難言如來世尊說是經
典威神功德利益不少坐中諸鬼神有十二
王從坐而起往到佛所胡跪合掌白佛言我
等十二鬼神在所作護若城邑聚落空閑林
中若四輩弟子誦持此經令所結願无求不
得阿難問言其名云何為我說之救脫菩薩
言灌頂章句其名如是

神名金毗羅　神名和耆羅　神名弥佉羅　神名安陁羅
神名摩尼羅　神名宗林羅　神名因持羅　神名婆耶羅
神名摩休羅　神名真陁羅　神名照頭羅　神名毗伽羅

琉璃光佛如来本願功德莫不一時捨鬼神
形得受人身長得度脫无衆惱患若人疾急
厄難之日當以五色縷結其名字得如願已
然後解結令人得福灌頂章句法應如是
佛說是經時比丘僧八千人諸菩薩三万六
千人俱諸天龍神八部大王无不歡喜阿難
從坐而起前白佛言世尊說此法當何名之
佛言此經凡有三名一名藥師琉璃光本願
功德二名灌頂章句十二神王結願神呪三
名拔除過罪生死得度佛說經竟大衆人民
作礼奉行

藥師經

BD00317　灌頂章句拔除過罪生死得度經

藥師經

BD00318A 妙法蓮華經卷三

（後秦）鳩摩羅什 譯

137.7cm × 25.3cm

唯願天人尊　轉无上法輪　擊大法鼓　而吹大法螺
普雨大法雨　度无量衆生　我等咸歸請　當演深遠音
尒時大通智勝如來嘿然許之　西南方乃至
下方亦復如是　尒時上方五百万億國土諸大
梵王皆悉自覩所止宮殿光明威曜　昔所未
有歡喜踊躍生希有心　即各相詣共議此事
以何因緣我等宮殿有斯光明　而彼衆中
一大梵天王名曰尸棄　為諸梵衆而說偈言
今以何因緣　我等諸宮殿　威德光明曜　嚴飾未曾有
如是之妙相　昔所未聞見　為大德天生　為佛出世間

勝如来處于道場菩提樹下坐師子座諸天
龍王乾闥婆緊那羅摩睺羅伽人非人等恭
敬圍繞及見十六王子請佛轉法輪時諸梵
天王頭面礼佛繞百千帀即以天華而散佛
上所散之華如須弥山并以供養佛菩提樹華
供養已各以宮殿奉上彼佛而作是言唯見
哀愍饒益我等所獻宮殿願垂納處時諸梵
天王即於佛前一心同聲以偈頌曰
善哉見諸佛　救世之聖尊　能於三界獄　勉出諸衆生
普智天人尊　愍哀群萌類　能開甘露門　廣度於一切
於昔无量劫　空過无有佛　世尊未出時　十方常暗瞑
三惡道增長　阿脩羅亦盛　諸天衆轉減　死多墮惡道
不從佛聞法　常行不善事　色力及智慧　斯等皆減少
罪業因緣故　失樂及樂想　住於邪見法　不識善儀則

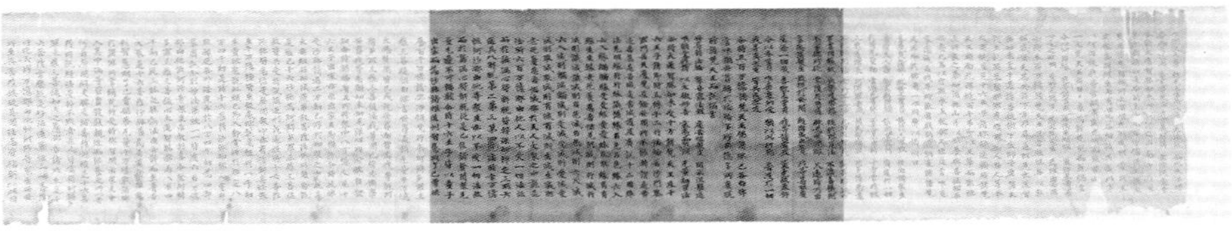

罪業因緣故　失樂及樂想　住於耶見法　不識善儀則
不蒙佛所化　常墮於惡道　佛為世間眼　久遠時乃出
哀愍諸衆生　故現於世間　超出成正覺　我等甚欣慶
及餘一切衆　喜歎未曾有　我等諸宮殿　蒙光故嚴飾
今以奉世尊　唯垂哀納受　願以此功德　普及於一切
我等與衆生　皆共成佛道
尒時五百万億諸梵天王偈讚佛已各白佛
言唯願世尊轉於法輪多所安隱多所度脫
時諸梵天王而說偈言
世尊轉法輪　擊甘露法鼓　度苦惱衆生　開示涅槃道
唯願受我請　以大微妙音　哀愍而敷演　无量劫習法
尒時大通智勝如來受十方諸梵天王及十
六王子請即時三轉十二行法輪若沙門婆

法无明緣行行緣識識緣名色名色緣六入
六入緣觸觸緣受受緣愛愛緣取取緣有有
緣生生緣老死憂悲苦惱无明滅則行滅行
滅則識滅識滅則名色滅名色滅則六入滅
六入滅則觸滅觸滅則受滅受滅則愛滅愛
滅則取滅取滅則有滅有滅則生滅生滅則
老死憂悲苦惱滅佛於天人大衆之中說是
法時六百万億那由他人以不受一切法故
而於諸漏心得解脫皆得深妙禪定三明六
通具八解脫第二第三第四說法時千万億
恒河沙那由他等衆生亦以不受一切法故
而於諸漏心得解脫從是已後諸聲聞衆无
量无邊不可稱數尒時十六王子皆以童子
出家而爲沙弥諸根通利智慧明了已曾供

量无邊不可稱數尒時十六王子皆以童子
出家而為沙弥諸根通利智慧明了已曾供
養百千万億諸佛淨脩梵行求阿耨多羅三
藐三菩提俱白佛言世尊是諸无量千万億
大德聲聞皆已成就世尊亦當為我等說阿
耨多羅三藐三菩提法我等聞已皆共脩學
世尊我等志願如來知見深心所念佛自證
知尒時轉輪聖王所將衆中八万億人見十
六王子出家亦求出家王即聽許尒時彼佛
受沙弥請過二万劫已乃於四衆之中說是
大乘經名妙法蓮華教菩薩法佛所護念說
是經已十六沙弥為阿耨多羅三藐三菩提
故皆共受持諷誦通利說是經時十六菩薩
沙弥皆悉信受聲聞衆中亦有信解其餘衆

万四千劫是時十六菩薩沙弥知佛入室寂
然禪定各昇法座亦於八万四千劫為四部
衆廣說分别妙法華經一一皆度六百万億
那由他恒河沙等衆生示教利喜令發阿耨
多羅三藐三菩提心大通智勝佛過八万四
千劫已從三昧起往詣法座安詳而坐普告
大衆是十六菩薩沙弥甚為希有諸根通
利智慧明了已曾供養无量千万億數諸佛
於諸佛所常脩梵行受持佛智開示衆生令
入其中汝等皆當數數親近而供養之所以者
何若聲聞辟支佛及諸菩薩能信是十六菩
薩所說經法受持不毀者是人皆當得阿耨多
羅三藐三菩提如来之慧佛告諸比丘是十
六菩薩常樂說是妙法蓮華經一一菩薩

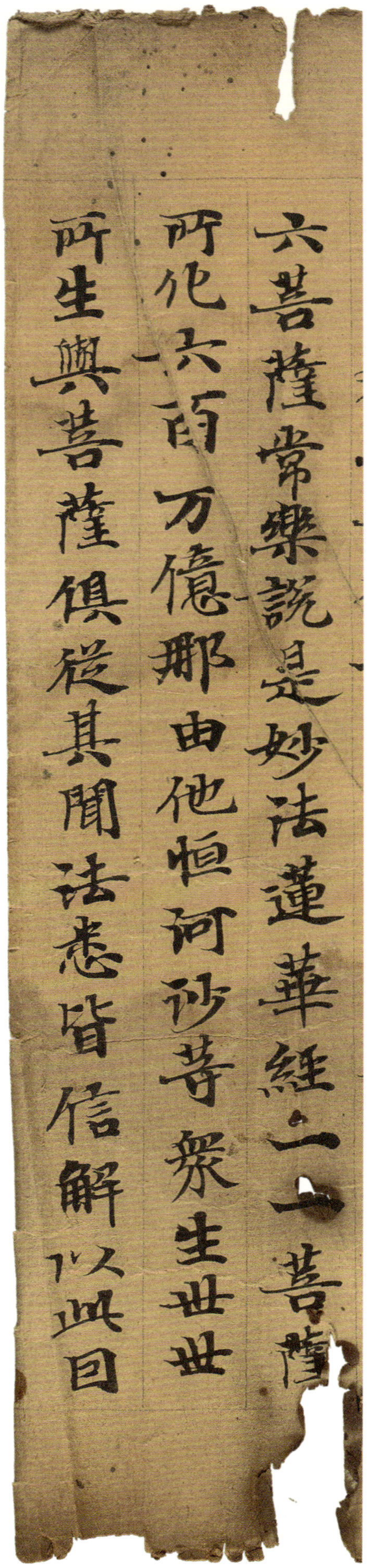

六菩薩常樂說是妙法蓮華經一一菩薩
所化六百万億那由他恒河沙等衆生世世
所生與菩薩俱從其聞法悉皆信解以此因

BD00318B　妙法蓮華經卷四

（後秦）鳩摩羅什　譯

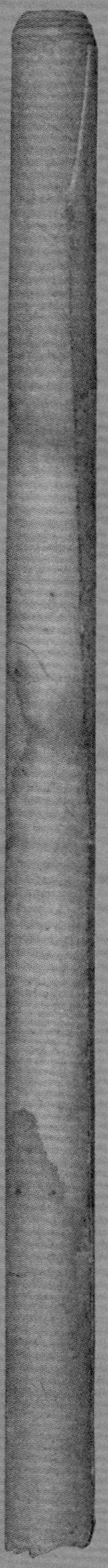

49.5cm×25.1cm

是二千聲聞　今於我前住　悉皆與受記　未來當成佛
所供養諸佛　如上說塵數　護持其法藏　後當成正覺
各於十方國　悉同一名号　俱時坐道場　以證无上慧
皆名為寶相　國土及弟子　正法與像法　悉等无有異
咸以諸神通　度十方衆生　名聞普周遍　漸入於涅槃
尒時學无學二千人聞佛授記歡喜踊躍而
說偈言
世尊慧燈明　我聞授記音　心歡喜充滿　如甘露見灌

妙法蓮華經法師品弟十

尒時世尊因藥王菩薩告八萬大士藥王汝
見是大衆中无量諸天龍王夜叉乾闥婆阿
脩羅迦樓羅緊那羅摩睺羅伽人與非人及
比丘比丘尼優婆塞優婆夷求聲聞者求辟

授記當得阿耨多羅三藐三菩提佛告藥王
又如來滅度之後若有人聞法華經乃至
一偈一句一念隨喜者我亦與授阿耨多羅
三藐三菩提記若復有人受持讀誦解說書
寫妙法華經乃至一偈於此經卷敬視如佛
種種供養華香瓔珞末香塗香燒香繒蓋幢
幡衣服伎樂乃至合掌恭敬藥王當知是諸
人等已曾供養十万億佛於諸佛所成就大
願愍衆生故生此人間藥王若有人問何等
衆生於未來世當得作佛應示是諸人等於
未來世必得作佛何以故若善男子善女人
於法華經乃至一句受持讀誦解說書寫種
種供養經卷華香瓔珞末香塗香燒香繒蓋

BD00319

妙法蓮華經卷七

（後秦）鳩摩羅什 譯

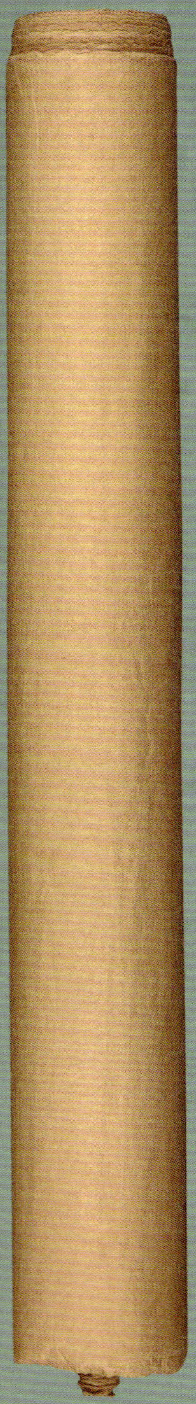

689.3cm × 25.5cm

三昧釋迦牟尼佛光照
華宿王智佛言世尊我當往詣
拜親近供養釋迦牟尼佛及見
王子菩薩藥王菩薩勇施菩
上行意菩薩莊嚴王菩薩藥
華宿王智佛告妙音菩薩汝莫輕彼國生下
劣想善男子彼娑婆世界高下不平土石諸
山穢惡充滿佛身卑小諸菩薩衆其形亦小
而汝身四万二千由旬我身六百八十万由旬
汝身第一端正百千万福相光明殊妙是故
汝往莫輕彼國若佛菩薩及國土生下劣想
妙音菩薩白佛言世尊我今詣娑婆世界

而入三昧以三昧力於耆闍崛山去座不遠
化作八万四千衆寶蓮華閻浮檀金為莖白
銀為葉金剛為鬚甄叔迦寶以為其臺尒時
文殊師利法王子見是蓮華而白佛言世尊
是何因緣先現此瑞有若干千万蓮華閻浮
檀金為莖白銀為葉金剛為鬚甄叔迦寶
以為其臺尒時釋迦牟尼佛告文殊師利是妙
音菩薩摩訶薩欲從淨華宿王智佛國與八
万四千菩薩圍繞而来至此娑婆世界供養
親近礼拜於我亦欲供養聽法華經文殊師
利白佛言世尊是菩薩種何善本脩何功德
而能有是大神通力行何三昧願為我等說
是三昧名字我等亦欲勤脩行之行此三昧

BD00319　妙法蓮華經卷七

利白佛言世尊是菩薩種何善根修何功德
而能有是大神通力行何三昧願為我等說
是三昧名字我等亦欲勤脩行之行此三昧
乃能見是菩薩色相大小威儀進止唯願世
尊以神通力彼菩薩來令我得見尒時釋迦
牟尼佛告文殊師利此久滅度多寶如來當
為汝等而現其相時多寶佛告彼菩薩善
男子來文殊師利法王子欲見汝身于時妙
音菩薩於彼國沒與八万四千菩薩俱共發
來所經諸國六種震動皆悉雨於七寶蓮華
百千天樂不鼓自鳴是菩薩目如廣大青蓮
華葉正使和合百千万月其面貌端正復過
於此身真金色无量百千功德莊嚴威德熾
盛光明照曜諸相具足如那羅延堅固之身

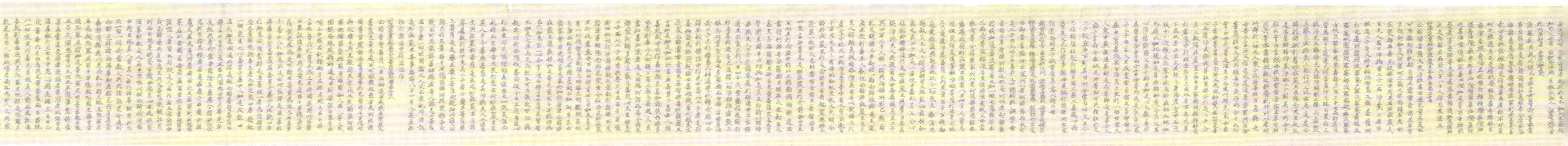

衆恭敬圍繞而来詣此娑婆世界耆闍崛山
到已下七寶臺以價直百千瓔珞持至釋迦
牟尼佛所頭面礼足奉上瓔珞而白佛言世
尊淨華宿王智佛問訊世尊少病少惱起居
輕利安樂行不四大調和不世事可忍不衆生
易度不无多貪欲瞋恚愚癡嫉妬慳慢不
无不孝父母不敬沙門邪見不善心不攝五
情不世尊衆生能降伏諸魔怨不久滅度多
寶如来在七寶塔中来聽法不又問訊多寶
如来安隱少惱堪忍久住不世尊我今欲見
多寶佛身唯願世尊示我令見尒時釋迦牟
尼佛語多寶佛是妙音菩薩欲得相見時多
寶佛告妙音言善哉善哉汝能為供養釋迦

尼佛説多寶佛是妙音菩薩欲得相見時多
寶佛告妙音言善哉善哉汝能為供養釋迦
牟尼佛及聽法華經并見文殊師利等故来
至此尒時華德菩薩白佛言世尊是妙音菩
薩種何善根脩何功德有是神力佛告華德
菩薩過去有佛名雲雷音王多陁阿伽度阿
羅呵三藐三佛陁國名現一切世間劫名憙
見妙音菩薩於万二千歲以十万種伎樂供
養雲雷音王佛并奉上八万四千七寶鉢以
是因緣果報今生淨華宿王智佛國有是神
力華德於汝意云何尒時雲雷音王佛所妙
音菩薩伎樂供養奉上寶器者豈異人乎今
此妙音菩薩摩訶薩是華德是妙音菩薩

菩薩其身在此而是菩薩現種種身處處
為諸衆生說是經典或現梵王身或現帝釋身
或現自在天身或現大自在天身或現天大將軍
身或現毗沙門天王身或現轉輪聖王身或現
諸小王身或現長者身或現居士身或現
宰官身或現婆羅門身或現比丘比丘尼優
婆塞優婆夷身或現長者居士婦女身或現
宰官婦女身或現婆羅門婦女身或現童男
童女身或現天龍夜叉乾闥婆阿脩羅迦樓
羅緊那羅摩睺羅伽人非人等身而說是經
諸有地獄餓鬼畜生及衆難處皆能救濟乃
至於王後宮變為女身而說是經華德是妙
音菩薩能救護娑婆世界諸衆生者是妙音

諸有地獄餓鬼畜生及衆難處皆能救濟乃
至於王後宮變爲女身而說是經華德是妙
音菩薩能救護娑婆世界諸衆生者是妙音
菩薩如是種種變化現身在此娑婆國土爲
諸衆生說是經典於神通變化智慧无所損
減是菩薩以若干智慧明照娑婆世界令一
切衆生各得所知於十方恒河沙世界中亦
復如是若應以聲聞形得度者現聲聞形而
爲說法應以辟支佛形得度者現辟支佛形
而爲說法應以菩薩形得度者現菩薩形而
爲說法應以佛形得度者即現佛形而爲說
法如是種種隨所應度而現形乃至應以
滅度而得度者示現滅度華德妙音菩薩摩

根世尊是菩薩住何三昧而能如是在所變
現度脫衆生佛告華德菩薩善男子其三昧
名現一切色身妙音菩薩住是三昧中能如
是饒益无量衆生說是妙音菩薩品時與妙
音菩薩俱來者八万四千人皆得現一切色

白佛言世尊我今當與說法者陁羅尼呪以
守護之即說呪曰
安尒一 曼尒二 摩祢三 摩摩祢四 旨隸五 遮
梨第六 賒咩羊鳴音七 賒履冈雉反 多瑋八 羶輸千反
帝九 目帝十 目多履十一 娑履十二 阿瑋娑履十三
桑履十四 娑履十五 叉裔十六 阿叉裔十七 阿耆膩十八
羶帝十九 賒履二十 陁羅尼二十一 阿盧伽婆娑蘇奈反
簸蔗毗叉膩二十二 祢毗剃二十三 阿便哆都餓反邏祢

羶帝九賒履十陀羅尼一阿盧伽婆娑反
簸蔗毗叉膩二十二禰毗剃二十三阿便哆都餓反邏禰
履剃二十四阿亶哆波隸輸地二十五途賣反漚究隸二十
六牟究隸二十七阿羅隸二十八波羅隸二十九首迦
差初几反三十阿三磨三履三十一佛馱毗吉利袠帝
三十二達磨波利差猜離反帝三十三僧伽涅瞿
沙禰三十四婆舍婆舍輸地三十五曼哆邏三十六
曼哆邏叉夜多三十七郵樓哆三十八郵樓哆憍
舍略三十九惡叉邏四十惡叉冶多冶四十一阿婆盧
四十二阿摩若荏蔗反那多夜四十三
世尊是陀羅尼神呪六十二億恒河沙等諸
佛所說若有侵毀此法師者則為侵毀是諸
佛已時釋迦牟尼佛讚藥王菩薩言善哉善

世尊我亦為擁護讀誦受持法華經者說
陁羅尼若此法師得是陁羅尼若夜叉若羅剎
若富單那若吉蔗若鳩槃茶若餓鬼等伺
求其短无能得便即於佛前而說呪曰
痤（誓螺反）鍒一 摩訶痤鍒二 郁枳三 目枳四 阿
鍒五 阿羅婆第六 涅鍒第七 涅鍒多婆第八
伊緻（猪履反）抳九 韋緻抳十 旨緻抳十一 涅鍒墀
抳十二 涅犁墀婆底十三
世尊是陁羅尼神呪恒河沙等諸佛所說亦
皆隨喜若有侵毀此法師者則為侵毀是諸
佛已尒時毗沙門天王護世者白佛言世尊
我亦為愍念衆生擁護此法師故說是陁羅

我亦為愍念衆生擁護此法師故說是陁羅
尼即說呪曰
阿梨一 那梨二 㝹那梨三 阿那盧四 那履五
拘那履六
世尊以是神呪擁護法師我亦自當擁護持
是經者令百由旬内无諸衰患尒時持國天
王在此會中與千万億那由他乾闥婆衆恭
敬圍繞前詣佛所合掌白佛言世尊我亦以
陁羅尼神呪擁護持法華經者即說呪曰
阿伽祢一 伽祢二 瞿利三 乾陁利四 旃陁利五
摩蹬耆六 常求利七 浮樓莎柅八 頞底九
世尊是陁羅尼神呪四十二億諸佛所說若

齒四名華齒五名黑齒六名多髮七名无猒
足八名持瓔珞九名睾帝十名奪一切衆生
精氣是十羅剎女與鬼子母并其子及眷屬
俱詣佛所同聲白佛言世尊我等亦欲擁護
讀誦受持法華經者除其衰患若有伺求
師短者令不得便即於佛前而說呪曰
伊提履一 伊提泯二 伊提履三 阿提履四 伊
提履五 泥履六 泥履七 泥履八 泥履九 泥履
十 樓醯十一 樓醯十二 樓醯十三 樓醯十四 多醯十五 多
醯十六 多醯十七 兜醯十八 㝹醯十九
寧上我頭上莫惱於法師若夜叉若羅剎若
餓鬼若富單那若吉蔗若毗陁羅若揵馱若
烏摩勒伽若阿跋摩羅若夜叉吉蔗若人吉蔗

寧上我頭上莫惱於法師若夜叉若羅刹若
餓鬼若富單那若吉蔗若毗陁羅若揵馱若
烏摩勒伽若阿跋摩羅若夜叉吉蔗若人吉蔗
若熱病若一日若二日若三日若四日若至
七日若常熱病若男形若女形若童男形若
童女形乃至夢中亦復莫惱即於佛前而說
偈言
若不順我呪　惱亂說法者　頭破作七分　如阿梨樹枝
如煞父母罪　亦如壓油殃　斗稱欺誑人　調達破僧罪
犯此法師者　當獲如是殃
諸羅刹女說此偈已白佛言世尊我等亦當
身自擁護受持讀誦脩行是經者令得安隱
離諸衰患消衆毒藥佛告諸羅刹女善哉善

香塗香燒香幡蓋伎樂然種種燈蘇燈油
燈香油燈蘇摩那華油燈瞻蔔華油燈婆師
迦華油燈優鉢羅華油燈如是等百千種供
養者皋帝汝等及眷屬應當擁護如是法師
說是陁羅尼品時六万八千人得无生法忍

妙法蓮華經妙莊嚴王本事品第二十七

尒時佛告諸大衆乃往古世過无量无邊不
可思議阿僧祇劫有佛名雲雷音宿王華智
多陁阿伽度阿羅呵三藐三佛陁國名光明
莊嚴劫名喜見彼佛法中有王名妙莊嚴其
王夫人名曰淨德有二子一名淨藏二名淨
眼是二子有大神力福德智慧久脩菩薩所

眼是二子有大神力福德智慧久脩菩薩所
行之道所謂檀波羅蜜尸羅波羅蜜羼提波
羅蜜毗梨耶波羅蜜禪波羅蜜般若波羅蜜
方便波羅蜜慈悲喜捨乃至三十七品助道法
皆悉明了通達又得菩薩淨三昧日星宿三
昧淨光三昧淨色三昧淨照明三昧長莊嚴
三昧大威德藏三昧於此三昧亦悉通達尒
時彼佛欲引導妙莊嚴王及愍念衆生故說
是法華經時淨藏淨眼二子到其母所合十
指爪掌白言願母往詣雲雷音宿王華智佛
所我等亦當侍從親近供養礼拜所以者何
此佛於一切天人衆中說法華經宜應聽受

掌白母我等是法王子而生此邪見家母告
子言汝等當憂念汝父為現神變若得見者
心必清淨或聽我等往至佛所於是二子念
其父故踊在虛空高七多羅樹現種種神變
於虛空中行住坐臥身上出水身下出火身
下出水身上出火或現大身滿虛空中而復
現小小復現大於空中滅忽然在地入地如
水履水如地現如是等種種神變令其父王
心淨信解時父見子神力如是心大歡喜得
未曾有合掌向子言汝等師為是誰誰之弟
子二子白言大王彼雲雷音宿王華智佛今
在七寶菩提樹下法座上坐於一切世間天
人衆中廣說法華經是我等師我是弟子父

人衆中廣説法華經是我等師我是弟子父
語子言我今亦欲見汝等師可共俱往於是
二子從空中下到其母所合掌白母父王今
已信解堪任發阿耨多羅三藐三菩提心我
等爲父已作佛事願母見聽於彼佛所出家
脩道尒時二子欲重宣其意以偈白母
願母放我等　出家作沙門　諸佛甚難值　我等隨佛學
如優曇波羅　值佛復難是　脱諸難亦難　願聽我出家
母即告言聽汝出家所以者何佛難值故於
是二子白父母言善哉父母願時往詣雲雷
音宿王華智佛所親近供養所以者何佛難
得值如優曇波羅華又如一眼之龜值浮木

難遇彼時妙莊嚴王後宮八万四千人皆悉
堪任受持是法華經淨眼菩薩於法華三昧
久已通達淨藏菩薩已於无量百千万億劫
通達離諸惡趣三昧欲令一切衆生離諸惡
趣故其王夫人得諸佛習三昧能知諸佛秘
密之藏二子如是以方便力善化其父令心
信解好樂佛法於是妙莊嚴王與羣臣眷屬
俱淨德夫人與後宮采女眷屬俱其王二子
與四万二千人俱一時共詣佛所到已頭面
礼足繞佛三帀却住一面尒時彼佛為王說
法示教利喜王大歡悅尒時妙莊嚴王及其
夫人解頸真珠瓔珞價直百千以散佛上於
虛空中化成四柱寶臺臺中有大寶床敷百

夫人解頸真珠瓔珞價直百千以散佛上於
虗空中化成四柱寶臺臺中有大寶床敷百
千万天衣其上有佛結加趺坐放大光明尒
時妙莊嚴王作是念佛身希有端嚴殊特成
就第一微妙之色時雲雷音宿王華智佛告
四衆言汝等見是妙莊嚴王於我前合掌立
不此王於我法中作比丘精勤脩助佛道法
當得作佛号娑羅樹王國名大光劫名大
高王其娑羅樹王佛有无量菩薩衆及无量
聲聞其國平正功德如是其王即時以國付
弟與夫人二子并諸眷屬於佛法中出家脩
道王出家已於八万四千歲常勤精進脩行

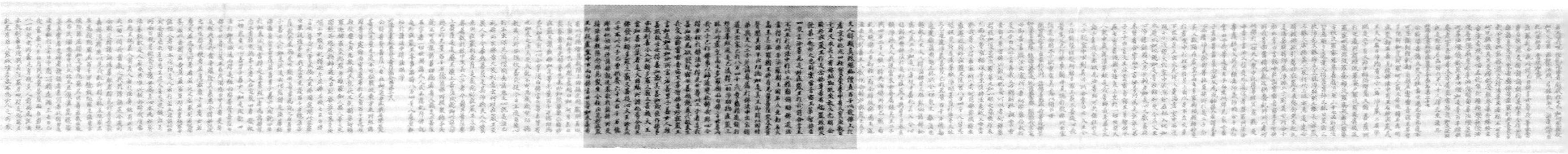

我二子已作佛事以神通變化轉我邪心令
得安住於佛法中得見世尊此二子者是我
善知識為欲發起宿世善根饒益我故來生
我家尒時雲雷音宿王華智佛告妙莊嚴王
言如是如是如汝所言若善男子善女人種
善根故世世得善知識其善知識能作佛事
示教利喜令入阿耨多羅三藐三菩提大王
當知善知識者是大因緣所謂化導令得見
佛發阿耨多羅三藐三菩提心大王汝見此
二子不此二子已曾供養六十五百千万億
那由他恒河沙諸佛親近恭敬於諸佛所受
持法華經愍念邪見衆生令住正見妙莊嚴
王即從虛空中下而白佛言世尊如來甚希

王即從虛空中下而白佛言世尊如來甚希
有以功德智慧故頂上肉髻光明顯照其眼
長廣而紺青色眉間毫相白如珂月齒白
齊密常有光明脣色赤好如頻婆果尒時妙
莊嚴王讚歎佛如是等无量百千万億功德
已於如來前一心合掌復白佛言世尊未曾有
也如來之法具足成就不可思議微妙功德
教戒所行安隱快善我從今日不復自隨心
行不生邪見憍慢瞋恚諸惡之心說是語已
礼佛而出佛告大眾於意云何妙莊嚴王豈
異人乎今華德菩薩是其淨德夫人今佛前
光照莊嚴相菩薩是哀愍妙莊嚴王及諸

德已於无量百千万億諸佛所植衆德本成
就不可思議諸善功德若有人識是二菩薩
名字者一切世間諸天人民亦應礼拜佛説
是妙莊嚴王本事品時八万四千人遠塵離
垢於諸法中得法眼淨

妙法蓮華經普賢菩薩勸發品第二十八

尒時普賢菩薩以自在神通力威德名聞與大
菩薩无量无邊不可稱數從東方來所經諸
國普皆震動雨寶蓮華作无量百千万億種
種伎樂又與无數諸天龍夜叉乾闥婆阿脩
羅迦樓羅緊那羅摩睺羅伽人非人等大衆
圍繞各現威德神通之力到娑婆世界耆闍
崛山中頭面礼釋迦牟尼佛右繞七匝白佛

BD00319　妙法蓮華經卷七

羅迦樓羅緊那羅摩睺羅伽人非人等大衆
圍繞各現威德神通之力到娑婆世界耆闍
崛山中頭面礼釋迦牟尼佛右繞七帀白佛
言世尊我於寶威德上王佛國遥聞此娑婆
世界說法華經與无量无邊百千万億諸菩
薩衆共来聽受唯願世尊當爲說之若善男
子善女人於如来滅後云何能得是法華經
佛告普賢菩薩若善男子善女人成就四法
於如来滅後當得是法華經一者爲諸佛護
念二者植衆德本三者入正定聚四者發救
一切衆生之心善男子善女人如是成就四
法於如来滅後必得是經尒時普賢菩薩白
佛言世尊於後五百歲濁惡世中其有受持

魔民若為魔所著者若夜叉若羅剎若鳩槃
荼若毗舍闍若吉蔗若富單那若韋陁羅等
諸惱人者皆不得便是人若行若立讀誦此經
我尒時乘六牙白象王與大菩薩眾俱詣其
所而自現身供養守護安慰其心亦為供養
法華經故是人若坐思惟此經尒時我復乘
白象王現其人前其人若於法華經有所忘
失一句一偈我當教之與共讀誦還令通利
尒時受持讀誦法華經者得見我身甚大歡
喜轉復精進以見我故即得三昧及陁羅尼
名為旋陁羅尼百千万億旋陁羅尼法音方
便陁羅尼得如是等陁羅尼世尊若後世後
五百歲濁惡世中比丘比丘尼優婆塞優婆

BD00319　妙法蓮華經卷七

便陀羅尼得如是等陀羅尼世尊若後世後
五百歲濁惡世中比丘比丘尼優婆塞優婆
夷求索者受持者讀誦者書寫者欲脩習是
法華經於三七日中應一心精進滿三七日已
我當乘六牙白象與无量菩薩而自圍繞
以一切衆生所喜見身現其人前而為說法
示教利喜亦復與其陀羅尼呪得是陀羅尼
故无有非人能破壞者亦不為女人之所惑
亂我身亦自常護是人唯願世尊聽我說此
陀羅尼呪即於佛前而說呪曰
阿檀地 途賣反一 檀陀婆地 二 檀陀婆帝 三 檀陀
鳩舍隸 四 檀陀脩陀隸 五 脩陀隸 六 脩陀羅
婆底 七 佛馱波羶禰 八 薩婆陀羅尼阿婆

十四僧伽波伽地十五帝隸阿惰僧伽兜略盧遮反
阿羅帝婆羅帝十六薩婆僧伽三摩地伽蘭地
十七薩婆達磨脩波利剎帝十八薩婆薩埵樓馱憍舍
略阿㝹伽地十九辛阿毗吉利地帝二十
世尊若有菩薩得聞是陁羅尼者當知普
賢神通之力若法華經行閻浮提有受持者應
作此念皆是普賢威神之力若有受持讀誦
正憶念解其義趣如說脩行當知是人行普
賢行於无量无邊諸佛所深種善根為諸如
来手摩其頭若但書寫是人命終當生忉利
天上是時八万四千天女作衆伎樂而来迎
之其人即著七寶冠於采女中娛樂快樂何

天上是時八万四千天女作衆伎樂而來迎
之其人即著七寶冠於采女中娛樂快樂何
況受持讀誦正憶念解其義趣如說脩行若
有人受持讀誦解其義趣是人命終為千佛
授手令不恐怖不墮惡趣即往兜率天上弥
勒菩薩所弥勒菩薩有三十二相大菩薩衆
所共圍繞有百千万億天女眷屬而於中生
有如是等功德利益是故智者應當一心自
書若使人書受持讀誦正憶念如說脩行世
尊我今以神通力故守護是經於如來滅後閻
浮提內廣令流布使不斷絕尒時釋迦牟尼
佛讚言善哉善哉普賢汝能護助是經令
多所衆生安樂利益汝已成就不可思議功德

神通力守護能受持普賢菩薩名者普賢若
有受持讀誦正憶念修習書寫是法華經者
當知是人則見釋迦牟尼佛如從佛口聞此
經典當知是人供養釋迦牟尼佛當知是人
佛讚善哉當知是人為釋迦牟尼佛手摩其
頭當知是人為釋迦牟尼佛衣之所覆如是
之人不復貪著世樂不好外道經書手筆亦
復不喜親近其人及諸惡者若屠兒若畜豬
羊雞狗若獵師若衒賣女色是人心意質直
有正憶念有福德力是人不為三毒所惱亦
不為嫉妬我慢邪慢增上慢所惱是人少欲
知足能修普賢之行普賢若如來滅後後五
百歲若有人見受持讀誦法華經者應作是

知足能修普賢之行普賢若如来滅後後五
百歲若有人見受持讀誦法華經者應作是
念此人不久當詣道場破諸魔衆得阿耨多
羅三藐三菩提轉法輪擊法鼓吹法螺雨法
雨當坐天人大衆中師子法座上普賢若於
後世受持讀誦是經典者是人不復貪著衣
服卧具飲食資生之物所願不虛亦於現世得
其福報若有人輕毀之言汝狂人耳空作是
行終无所獲如是罪報當世世无眼若有供
養讚歎之者當於今世得現果報若復見受
持是經者出其過惡若實若不實此人現世
得白癩病若輕咲之者當世世牙齒踈缺
醜脣平鼻手脚繚戾眼目角睞身體臭穢惡

賢勸發品時恒河沙等无量无邊菩薩得百
千万億旋陁羅尼三千大千世界微塵等諸
菩薩具普賢道佛說是經時普賢等諸菩
薩舍利弗等諸聲聞及諸天龍人非人等一切大
會皆大歡喜受持佛語作礼而去

妙法蓮華經卷第七

BD00320 大般若波羅蜜多經卷三一三

（唐）玄奘 譯

BD00320v 勘記

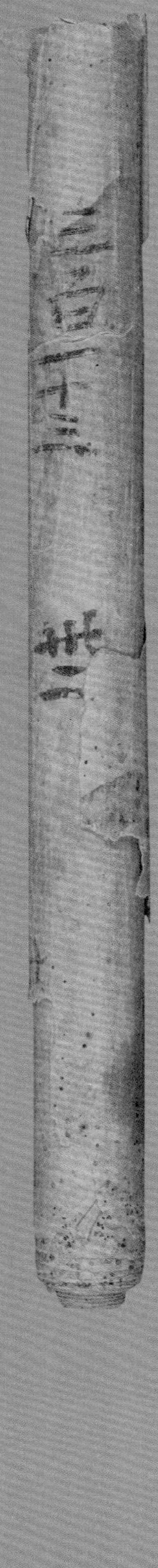

269.6cm × 26cm

□□
□中無如是分
不至此彼岸是靜
不□般若波羅蜜多中無如是
亦不如彼所分別何以故非至此彼岸是
若波羅蜜多相故
善現此菩薩乘補特伽羅不知此岸彼岸相
故不能攝受布施□羅蜜多不能攝受淨戒
安忍精進靜慮般□波羅蜜多不能攝受方
便善巧不能攝受內空不能攝受外空內外
空空空大空勝義空有為空無為空畢竟空
無際空散空無變異空本性空自相空共相
空一切法空不可得空無性空自性空無性
自性空不能攝受真如不能攝受法界法性

不能攝受集滅道聖諦不能攝受四靜慮不
能攝受四無量四無色定不能攝受八解脫
不能攝受八勝處九次第定十遍處不能攝
受四念住不能攝受四正斷四神足五根五
力七等覺支八聖道支不能攝受空解脫門
不能攝受無相無願解脫門不能攝受菩薩
十地不能攝受五眼不能攝受六神通不能
攝受佛十力不能攝受四無所畏四無礙解
大慈大悲大喜大捨十八佛不共法不能攝
受無忘失法不能攝受恒住捨性不能攝受
一切智不能攝受道相智一切相智不能攝
受一切陁羅尼門不能攝受一切三摩地門
不能攝受一切菩薩摩訶薩行不能攝受諸

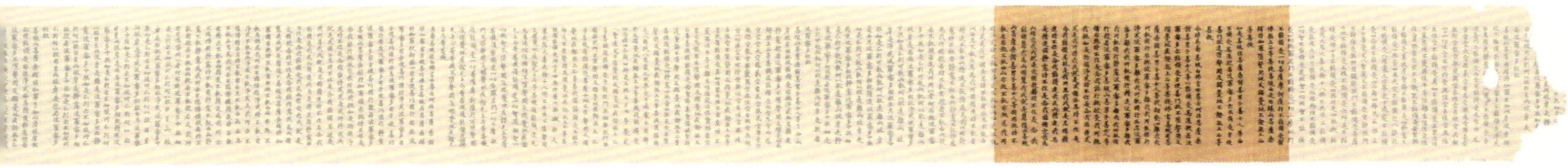

受一切陀羅尼門不能攝受一切三摩地門
不能攝受一切菩薩摩訶薩行不能攝受諸
佛無上正等菩提善現由是因緣此菩薩乘
補特伽羅墮聲聞地或獨覺地不證無上正
等菩提
如是善現住菩薩乘諸善男子善女人等由
不攝受甚深般若波羅蜜多亦不攝受方便
善巧故退墮聲聞及獨覺地不證無上正等
菩提
尒時具壽善現白佛言世尊云何住菩薩乘
諸善男子善女人等以能攝受甚深般若波
羅蜜多亦能攝受方便善巧故不墮聲聞及
獨覺地疾證無上正等菩提佛言善現有菩
薩乘諸善男子善女人等從初發心離我我

蜜多離我我所執脩行精進波羅蜜多離我
我所執脩行靜慮波羅蜜多離我我所執脩
行般若波羅蜜多善現此善男子善女人等
脩布施時不作是念我能行施彼受我所施
我施如是物脩淨戒時不作是念我能持戒
戒是我所持我成就是戒脩安忍時不作是
念我能脩忍彼是我所忍我成就是忍脩精
進時不作是念我能精進我為此精進我具
是精進脩靜慮時不作是念我能脩定我為
此脩定我成就是定脩般若時不作是念我
能脩慧我為此脩慧我成就是慧復次善現
此菩薩乘諸善男子善女人等脩布施時不
執有布施不執由此布施不執布施為我所

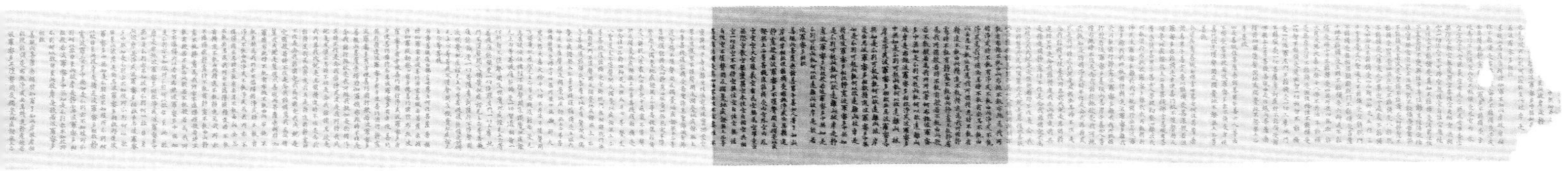

執有布施不執由此布施不執布施爲我所
脩淨戒時不執有淨戒不執由此淨戒不執
淨戒爲我所脩安忍時不執有安忍不執由
此安忍不執安忍爲我所脩精進時不執有
精進不執由此精進不執精進爲我所脩靜
慮時不執有靜慮不執由此靜慮不執靜慮
爲我所脩般若時不執有般若不執由此般
若不執般若爲我所所以者何布施波羅蜜
多中無如是分別可起此執何以故遠離此
彼岸是布施波羅蜜多相故淨戒波羅蜜多
中無如是分別可起此執何以故遠離此彼
岸是淨戒波羅蜜多相故安忍波羅蜜多中
無如是分別可起此執何以故遠離此彼岸

精進波羅蜜多相故靜慮波羅蜜多中無如
是分別可起此執何以故遠離此彼岸是靜
慮波羅蜜多相故般若波羅蜜多中無如是
分別可起此執何以故遠離此彼岸是般若
波羅蜜多相故
善現此菩薩乘諸善男子善女人等了知此
岸彼岸相故便能攝受布施淨戒安忍精進
靜慮般若波羅蜜多不墮聲聞及獨覺地疾
證無上正等菩提復能攝受內空外空內外
空空空大空勝義空有為空無為空畢竟空
無際空散空無變異空本性空自相空共相
空一切法空不可得空無性空自性空無性
自性空不墮聲聞及獨覺地疾證無上正等
菩提復能攝受真如法界法性不虛妄性不

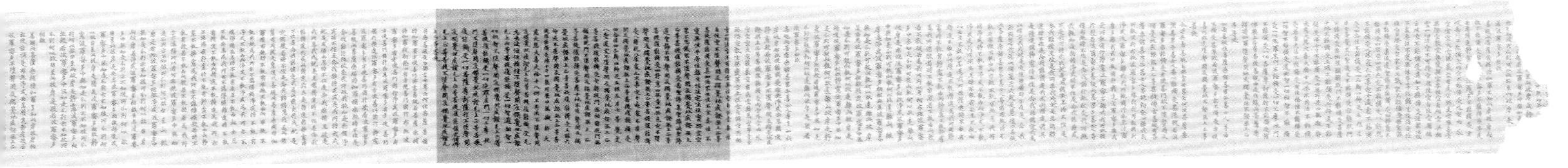

空一切法空不可得空無性空自性空無性
自性空不墮聲聞及獨覺地疾證無上正等
菩提復能攝受真如法界法性不虛妄性不
變異性平等性離生性法定法住實際虛空
界不思議界不墮聲聞及獨覺地疾證無上
正等菩提復能攝受苦聖諦集聖諦滅聖諦
道聖諦不墮聲聞及獨覺地疾證無上正等
菩提復能攝受四靜慮四無量四無色定不墮
聲聞及獨覺地疾證無上正等菩提復能攝
受八解脫八勝處九次第定十遍處不墮聲
聞及獨覺地疾證無上正等菩提復能攝受
四念住四正斷四神足五根五力七等覺支
八聖道支不墮聲聞及獨覺地疾證無上正
等菩提復能攝受空解脫門無相解脫門無

覺地疾證無上正等菩提復能攝受五眼六
神通不墮聲聞及獨覺地疾證無上正等菩
提復能攝受佛十力四無所畏四無礙解大
慈大悲大喜大捨十八佛不共法不墮聲聞
及獨覺地疾證无上正等菩提復能攝受无
忘失法恒住捨性不墮聲聞及獨覺地疾證
无上正等菩提復能攝受一切智道相智一
切相智不墮聲聞及獨覺地疾證无上正等
菩提復能攝受一切陁羅尼門一切三摩地
門不墮聲聞及獨覺地疾證无上正等菩提
復能攝受一切菩薩摩訶薩行不墮聲聞
及獨覺地疾證无上正等菩提復能攝受諸佛
无上正等菩提不墮聲聞及獨覺地疾證无
上正等菩提

不移其地疾證无上正等菩提彼能[illegible]
无上正等菩提不隨聲聞及獨覺地疾證无
上正等菩提
具壽善現復白佛言世尊云何住菩薩乘補
特伽羅有方便善巧佛言善現若菩薩乘補
特伽羅從初發心有方便善巧脩行布施波
羅蜜多有方便善巧脩行淨戒波羅蜜多有
方便善巧脩行安忍波羅蜜多有方便善巧
脩行精進波羅蜜多有方便善巧脩行靜慮
波羅蜜多有方便善巧脩行般若波羅蜜多
善現此菩薩乘補特伽羅脩布施時不作是
念我能行施彼受我施我施如是物脩淨
戒時不作是念我能持戒是我所持我戒
就是戒脩安忍時不作是念我能脩忍彼是

不作是念我能脩定我爲此脩定我成就是
定脩般若時不作是念我能脩慧我爲此脩
慧我成就是慧復次善現此菩薩乘補特伽
羅脩布施時不執有布施不執由此布施不
執布施爲我所亦不憍慢脩淨戒時不執有
淨戒不執由此淨戒不執淨戒爲我所亦不
憍慢脩安忍時不執有安忍不執由此安忍
不執安忍爲我所亦不憍慢脩精進時不執
有精進不執由此精進不執精進爲我所亦
不憍慢脩靜慮時不執有靜慮不執由此靜
慮不執靜慮爲我所亦不憍慢脩般若時不
執有般若不執由此般若不執般若爲我所
亦不憍慢所以者何布施波羅蜜多中無如
是分別亦不如彼所分別何以故非至此彼

執相般若不執由此般若不執般若爲我所
亦不憍慢所以者何布施波羅蜜多中無如
是分別亦不如彼所分別何以故非至此彼
岸是布施波羅蜜多相故淨戒波羅蜜多中
無如是分別亦不如彼所分別何以故非至
此彼岸是淨戒波羅蜜多相故安忍波羅蜜
多中無如是分別亦不如彼所分別何以故
非至此彼岸是安忍波羅蜜多相故精進波
羅蜜多中無如是分別亦不如彼所分別何
以故非至此彼岸是精進波羅蜜多相故靜
慮波羅蜜多中無如是分別亦不如彼所分
別何以故非至此彼岸是靜慮波羅蜜多相
故般若波羅蜜多中無如是分別亦不如彼所
分別何以故非至此彼岸是般若波羅蜜多

故便能攝受布施淨戒安忍精進靜慮般若
波羅蜜多不墮聲聞及獨覺地疾證無上正
等菩提復能攝受方便善巧不墮聲聞及獨
覺地疾證無上正等菩提復能攝受內空外
空內外空空空大空勝義空有為空無為空
畢竟空無際空散空無變異空本性空自相
空共相空一切法空不可得空無性空自性
空無性自性空不墮聲聞及獨覺地疾證無
上正等菩提復能攝受真如法界法性不虛

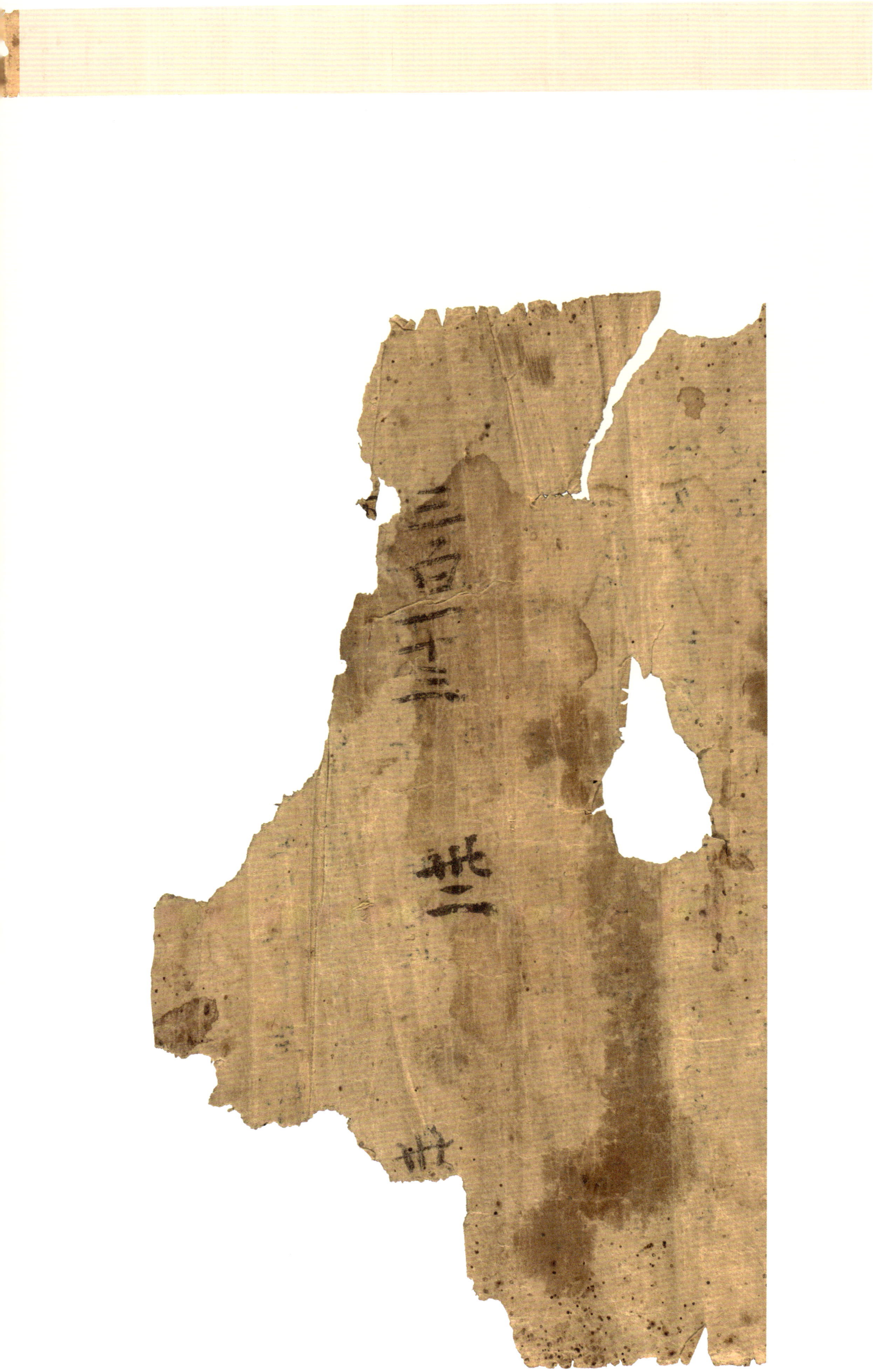

BD00320v　勘記

BD00321 金剛般若波羅蜜經

（後秦）鳩摩羅什 譯

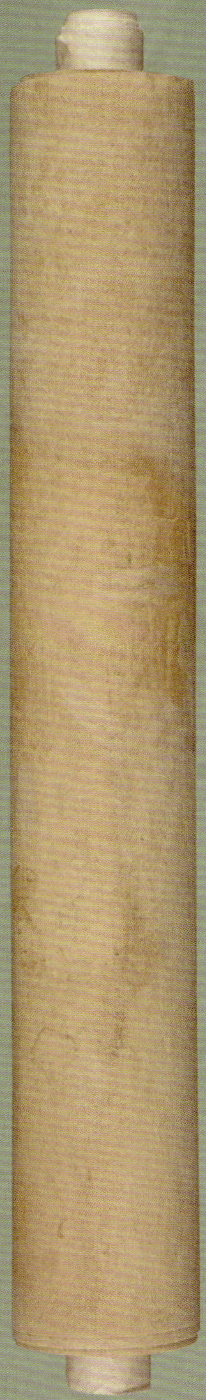

296.5cm × 26.5cm

心住聲香
心有住則
住色布施須
是布施如來
相 説一切衆生則非衆
提如來是真語者實語者如語者
不異語者須菩提如來所得法此法无實
虛須菩提若菩薩心住於法而行布施如
入闇則无所見若菩薩心不住法而行布
如人有目日光明照見種種色須菩提當来
之世若有善男子善女人能於此經受持讀誦
則為如來以佛智慧悉知是人悉見是人皆
得成就无量无邊功德

後日分亦以恒河沙等身布施如是无量百
千万億劫以身布施若復有人聞此經典信
心不逆其福勝彼何况書寫受持讀誦為人
解說須菩提以要言之是經有不可思議不
无邊功德如來為發大乘者說為發
最上乘者說若有人能受持讀誦廣為人說
如來悉知是人悉見是人皆成就不可量不
可稱无有邊不可思議功德如是人等則為
荷擔如來阿耨多羅三藐三菩提何以故須
菩提若樂小法者即著我見人見衆生見壽
者見則於此經不能聽受讀誦為人解說須
菩在在處處若有此經一切世間天人阿
脩羅所應供養當知此處則為是塔皆應恭

在在處處若有此經一切世間天人阿
脩羅所應供養當知此處則為是塔皆應恭
敬作礼圍繞以諸華香而散其處
復次須菩提善男子善女人受持讀誦此經
若為人輕賤是人先世罪業應墮惡道以今
世人輕賤故先世罪業則為消滅當得阿耨
多羅三藐三菩提須菩提我念過去无量阿
僧祇劫於然燈佛前得值八百四千万億那
由他諸佛悉皆供養承事无空過者若復有
人於後末世能受持讀誦此經所得功德於
我所供養諸佛功德百分不及一千万億分
乃至筭數譬喻所不能及須菩提若善男子
善女人於後末世有受持讀誦此經所得功
德我若具說者或有人聞心則狂亂狐疑不

可思議
尒時須菩提白佛言世尊善男子善女人發
阿耨多羅三藐三菩提心云何應住云何降
伏其心佛告須菩提善男子善女人發阿耨
多羅三藐三菩提者當生如是心我應滅度
一切衆生滅度一切衆生已而无有一衆生
實滅度者何以故若菩薩有我相人相衆生
相壽者相則非菩薩所以者何須菩提實无
有法發阿耨多羅三藐三菩提者須菩提於
意云何如來於然燈佛所有法得阿耨多羅
三藐三菩提不不也世尊如我解佛所說義
佛於然燈佛所无有法得阿耨多羅三藐三
菩提佛言如是如是須菩提實无有法如來

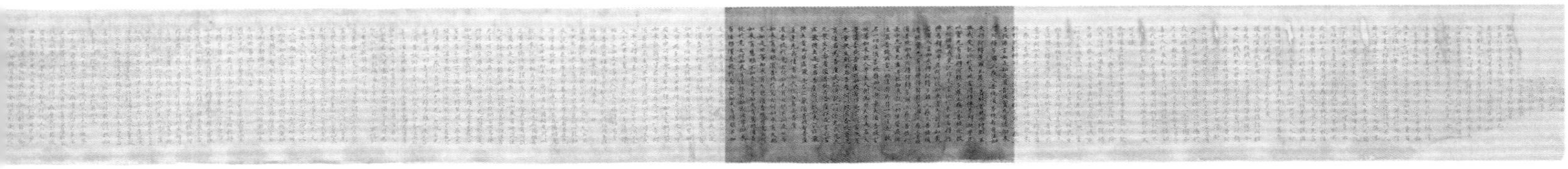

菩提佛言如是如是須菩提實无有法如来
得阿耨多羅三藐三菩提須菩提若有法如
来得阿耨多羅三藐三菩提者然燈佛則不
與我受記汝於来世當得作佛号釋迦牟尼
以實无有法得阿耨多羅三藐三菩提是故
然燈佛與我受記作是言汝於来世當得作
佛号釋迦牟尼何以故如来者即諸法如義
若有人言如来得阿耨多羅三藐三菩提須
菩提實无有法佛得阿耨多羅三藐三菩提
須菩提如来所得阿耨多羅三藐三菩提於
是中无實无虚是故如来說一切法皆是佛
法須菩提所言一切法者即非一切法是故

身須菩提菩薩亦如是若作是言我當滅度
无量衆生則不名菩薩何以故須菩提實无
有法名為菩薩是故佛説一切法无我无人
无衆生无壽者須菩提若菩薩作是言我當
莊嚴佛土是不名菩薩何以故如來説莊嚴
佛土者即非莊嚴是名莊嚴須菩提若菩薩
通達无我法者如来説名真是菩薩
須菩提於意云何如来有肉眼不如是世尊
如来有肉眼須菩提於意云何如来有天眼
不如是世尊如来有天眼須菩提於意云何
如来有慧眼不如是世尊如来有慧眼須菩
提於意云何如来有法眼不如是世尊如来
有法眼須菩提於意云何如来有佛眼不如

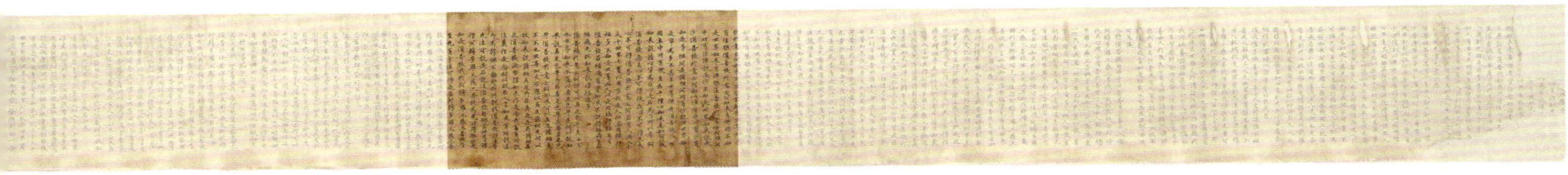

提於意云何如來有法眼不如是世尊如來
有法眼須菩提於意云何如來有佛眼不如
是世尊如來有佛眼須菩提於意云何恒河
中所有沙佛說是沙不如是世尊如來說是
沙須菩提於意云何如一恒河中所有沙有
如是等恒河是諸恒河所有沙數佛世界如
是寧為多不甚多世尊佛告須菩提尒所
國土中所有衆生若干種心如來悉知何以故
如來說諸心皆為非心是名為心所以者何
須菩提過去心不可得現在心不可得未來
心不可得須菩提於意云何若有人滿三千
大千世界七寶以用布施是人以是因緣得
福多不如是世尊此人以是因緣得福甚多
須菩提若福德有實如來不說得福德多以

須菩提於意云何佛可以具足色身見不不
也世尊如来不應以具足色身見何以故如
来說具足色身即非具足色身是名具足色
身須菩提於意云何如来可以具足諸相見
不不也世尊如来不應以具足諸相見何以
故如来說諸相具足即非具足是名諸相具
足須菩提汝勿謂如来作是念我當有所說
法莫作是念何以故若人言如来有所說法
即為謗佛不能解我所說故須菩提說法者
无法可說是名說法須菩提白佛言世尊佛
得阿耨多羅三藐三菩提為无所得耶如是
如是須菩提我於阿耨多羅三藐三菩提乃
至无有少法可得是名阿耨多羅三藐三菩

至无有少法可得是名阿耨多羅三藐三菩
提復次須菩提是法平等无有高下是名阿
耨多羅三藐三菩提以无我无人无衆生无
壽者脩一切善法則得阿耨多羅三藐三菩
提須菩提所言善法者如來說非善法是名
善法須菩提若三千大千世界中所有諸須
弥山王如是等七寶聚有人持用布施若人
以此般若波羅蜜經乃至四句偈等受持為
他人說於前福德百分不及一百千万億分
乃至筭數譬喻所不能及
須菩提於意云何汝等勿謂如來作是念我
當度衆生須菩提莫作是念何以故實无
有衆生如來度者若有衆生如來度者如來

者如來說則非凡夫須菩提於意云何可以
卅二相觀如來不須菩提言如是如是以卅
二相觀如來佛言須菩提若以卅二相觀如
來者轉輪聖則是如來須菩提白佛言世
尊如我解佛所說義不應以卅二相觀如來
尒時世尊而說偈言
若以色見我　以音聲求我　是人行邪道　不能見如來
須菩提汝若作是念如來不以具足相故得
阿耨多羅三藐三菩提須菩提莫作是念
如來不以具足相故得阿耨多羅三藐三菩提
須菩提汝若作是念發阿耨多羅三藐三菩
提者說諸法斷滅相莫作是念何以故發阿
耨多羅三藐三菩提者於法不說斷滅相須

提者說諸法斷滅相莫作是念何以故發阿
耨多羅三藐三菩提者於法不說斷滅相須
菩提若菩薩以滿恒河沙等世界七寶布施
若復有人知一切法无我得成於忍此菩薩
勝前菩薩所得功德須菩提以諸菩薩不受
福德故須菩提白佛言世尊云何菩薩不受
福德須菩提菩薩所作福德不應貪著是故
說不受福德須菩提若有人言如来若来若
去若坐若卧是人不解我所說義何以故如
来者无所從来亦无所去故名如来
須菩提若善男子善女人以三千大千世界
碎為微塵於意云何是微塵衆寧為多不
甚多世尊何以故若是微塵衆實有者佛則不
[illegible]

世界則非世界是名世界何以故若世界實
有者則是一合相如來說一合相則非一合
相是名一合相須菩提一合相者則是不可
說但凡夫之人貪著其事須菩提若人言佛
說我見人見衆生見壽者見須菩提於意云
何是人解我所說義不世尊是人不解如來
所說義何以故世尊說我見人見衆生見壽
者見即非我見人見衆生見壽者見是名我
見人見衆生見壽者見須菩提發阿耨多羅
三藐三菩提心者於一切法應如是知如是
見如是信解不生法相須菩提所言法相者
如來說即非法相是名法相須菩提若有人
以滿无量阿僧祇世界七寶持用布施若有

以滿无量阿僧祇世界七寶持用布施若有
善男子善女人發菩薩心者於此經乃至四
句偈等受持讀誦為人演說其福勝彼云
何為人演說不取於相如如不動何以故
一切有為法　如夢幻泡影　如露亦如電　應作如是觀
佛說是經已長老須菩提及諸比丘比丘尼
優婆塞優婆夷一切世間天人阿脩羅聞佛
所說皆大歡喜信受奉行
金剛般若波羅蜜經卷

BD00322 大方廣十輪經卷七

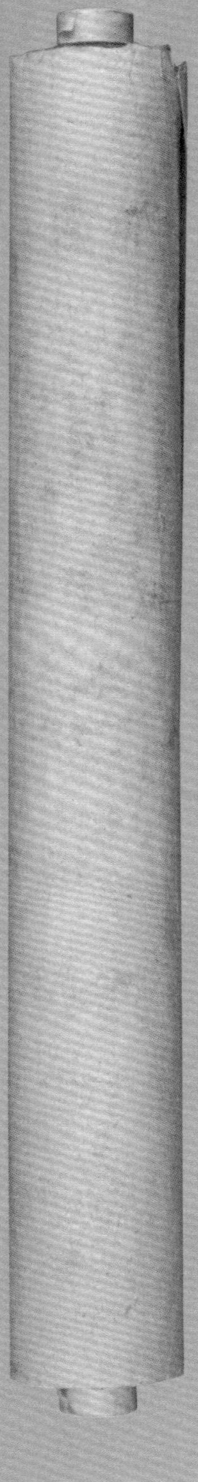

605.1cm × 26.4cm

何於菩[illegible]……輪是之尒
時世尊告金剛藏菩薩言善男子菩薩摩訶
薩有十種輪若有成就如是輪者則於聲聞
辟支佛乘无所譏嫌乃至於菩薩乘亦无譏
嫌若於如來聲聞衆中成器不成器者悉无
譏嫌常得昇進不退法輪而於大乘亦得增
長无有闕失常得禪定諸陁羅尼及諸地忍
不離佛法供養衆僧及諸菩薩求於善根悉
无猒足得堅固精進發无量行願過去所作
一切惡業皆以賢聖金剛地智令使永盡悉
得究竟一切現在所有惡業皆使无餘更不
復作能速成就无上法輪七覺意寶而无猒

諸寶皆悉隨後能滅一切諸四天下衆生濁
惡之令四天下一切人民身意受樂菩薩摩
訶薩亦復如是若成就十輪於聲聞乘无所
譏謙乃至一切衆生之依止而存善男子辟
如大車具足四輪多人依止乘於正路邊有
塊石衆草乃至根莖華葉爲輪所踐皆悉消
滅如是菩薩摩訶薩爲諸衆生若有鄣法一切
罪業輾斷消滅令不受報善男子辟如劒輪
悉能斬截惡獸等首既斷支節手足更不任
用菩薩摩訶薩若能成就如是十輪一切六
趣欲界諸惡皆悉斷除令盡无餘不復受報
善男子辟如五日出時一切四天下大地所
有水處无不乾竭如是菩薩成就十輪能爲

有水處无不乾竭如是菩薩成就十輪能爲
衆生除諸業鄣及鄣法等罪衆苦根本一切
消滅譬如風災起時四方大風一時俱起能
吹一切大石諸山皆爲微塵如是菩薩摩訶
薩能成就十輪爲諸衆生同共依止令四倒
山結使諸業鄣法重罪滅苦根本令得无餘
善男子譬如師子王若欲吼時一切畜生諸
衆生等皆悉怖畏如是菩薩摩訶薩亦復如
是乃至外道及諸異學惡知識等皆令驚畏
忘失言辯善男子譬如釋提桓因以軍圍遶
手執金剛杵破壞阿脩羅如是菩薩摩訶薩
成就十輪者一切倒見外道之屬惡知識等
皆悉壞滅善男子譬如如意寶珠著高幢上
雨種種寶如是菩薩摩訶薩成就十種輪者

切迷失道者令得正道如是菩薩摩訶薩成
就十輪者无明黑闇如此衆生失八正道之
爲衆生説種種法令其照明盡諸苦際示八
正道善男子譬如日初出時一切穀米皆悉
增長諸華開敷及諸藥穀盡得成熟雪山消
流諸河充溢以漸次第滿於大海如是菩薩
摩訶薩成就十輪者但調伏戒慈悲柔煖故
爲諸衆生説无量法能生善根種種華菓一
切結使業報惡行及耶見山悉得消滅乃至
究竟證於涅槃一切妙果无不悉得信戒拖
聞慧无量三昧如是次第猶如大河以漸滿
足以漸滿故能令衆生入於无畏涅槃之城
善男子云何名菩薩摩訶薩十種輪者所謂

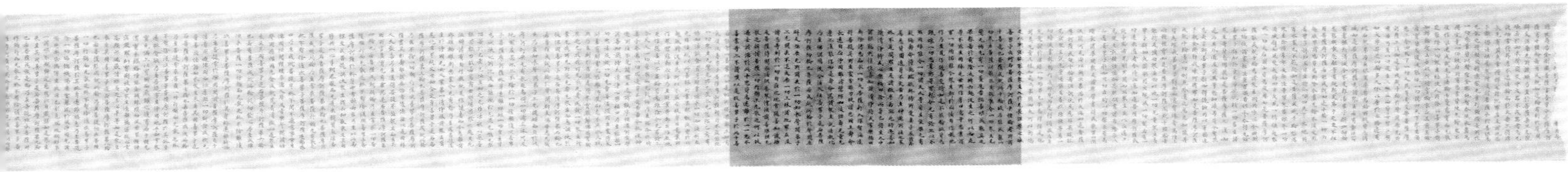

是以津流故能令衆生入於无畏涅槃之城
善男子云何名菩薩摩訶薩十種輪者所謂
十善是也菩薩成就此十輪故乃能成熟一
切衆生菩薩以離煞生故能令一切衆生无
驚无怖无有一切憂悲苦惱善根成熟具足
果報若於前際流轉六趣沒生死河以如是
等不煞生因緣先世所作身口意等惡業謂
罪一切煩惱能令衆生鄣於正法自作教他
作乃至見作隨喜受持如是不煞輪故皆悉
蹳壞一切惡業鄣㝵罪報令无有餘亡以不
煞因緣能令一切諸天人等皆生愛樂无有
疑悔壽命得長臨欲終時所愛妻子及諸眷
屬悉皆圍遶身不受苦乃至神逝所往之處
終不見閻羅王及諸獄卒若臨死時遇善知

斷除諸惡而求一切大菩薩行入深智海速
得菩提其所生處常離刀杖諸惡國土壽命
長遠自在淨國離諸驚怖如彼佛壽无量无
邊亦復能作如是壽命為諸衆生說法教化
乃至佛涅槃後令法久住善男子是名菩薩
摩訶薩初輪也菩薩若成就此輪於聲聞乘
辟支佛乘无所闕失於一切如來聲聞弟子
亦无闕失不退大乘一切三昧諸陁羅尼及
諸忍等到於一切自在之地常隨善知識佛
及菩薩得聞正法供養衆僧殖諸善根恒无
猒足脩諸菩薩一切行願亦无猒足何以故
過去諸佛於此十惡皆悉遠離於一一惡不
善業等亦不讚嘆以是故善男子於此十善

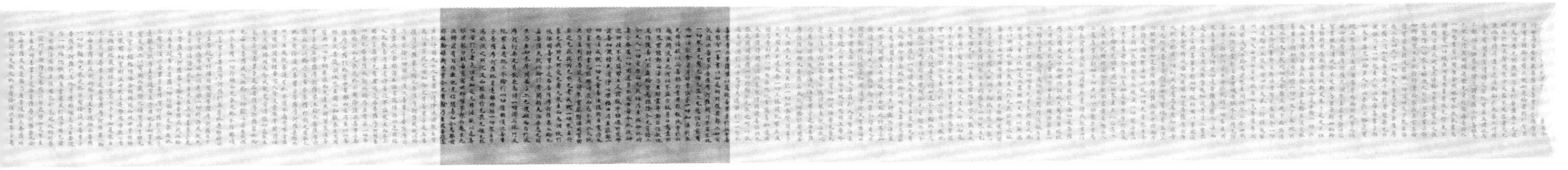

善業等亦不讚歎以是故善男子於此十善
若能守一善業以如是相所獲果報亦如前
說復次善男子菩薩摩訶薩脩行不盜能施
一切眾生无驚无怖无畏亦无愁惱已前有
物如法飲食資身財業恒求一切如法利益
无非法欲以此善根行業果報假使曾於六
趣流轉沒生死河以不盜力故身口意業所
作衆罪能鄣正法乃至財業等鄣自作教他
見作隨喜以不盜輪皆悉蹍除令无有餘亦
令天人一切受樂而无疑悔乃至臨命終時
妻子眷屬一切圍遶身不受苦若命終後神
逝所往不見閻羅王及諸獄卒恒遇所愛樂
諸善知識持戒清淨心樂福田乃至能離一
切惡法成就一切无量善法隨所生處得大

具足无我我所无取无着成就一切衆生行
業无我所无所受无壽无衆生而悉調伏於
彼佛國善男子是名菩薩摩訶薩第二輪也
若菩薩成就此輪於聲聞辟支佛乘悉无闕
失乃至如來聲聞弟子二无譏嫌而自於彼
摩訶衍乘无有猒足悉得一切諸三昧門及
陁羅尼忍地之不捨於一切誓願復次善男
子菩薩摩訶薩終身遠離耶婬一切衆生皆
爲欲流之所沉沒而能施於无畏无嫉无熱
惱害於己妻色恒生知足无非法欲以是善
根果報力故若有宿世耶婬果報六趣生死
流轉諸有自作教他見作隨喜而令悉離諸
耶婬輪碾斷惡業令无有餘乃至成菩提道

流轉諸有自作教他見作隨喜而今悉離諸
耶婬輪碾斷惡業令无有餘乃至成菩提道
生於淨國无女人處第一清淨彼諸衆生皆
悉化生不從父母和合受身善男子是名菩
薩摩訶薩第三輪也菩薩摩訶薩成就此輪
乃至不捨一切願行復次善男子菩薩摩訶
薩盡其形壽離諸妄語常隨慎語以是因緣
人天歡喜乃至逮得菩提不誑衆生而生其
國所言真實无有虛僞是名菩薩摩訶薩第
四輪也若菩薩成就此輪乃至常求一切菩
薩願行而无猒足終不暫捨復次善男子菩
薩摩訶薩於終身中常離兩舌乃至以此善
根至成菩提調伏衆生循六和敬來生其國
皆共一心手相恭敬而无違失循質直法善

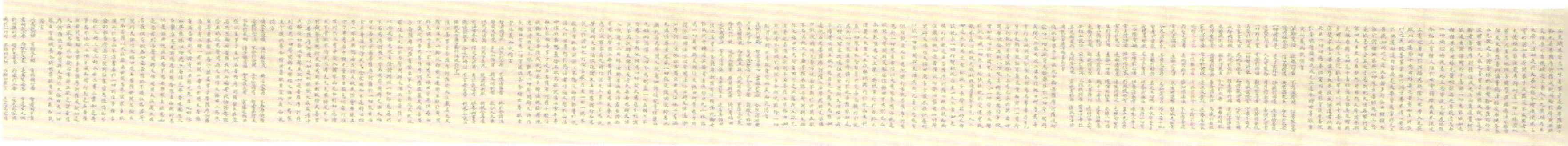

終不暫捨復次善男子菩薩摩訶薩遠離惡
口乃至成就菩提耳終不聞不適意事常生
佛國恒聞種種柔濡人聲及音樂聲聞諸法
聲周遍佛國志念成就梵音清徹如是衆生
来生其國善男子是名菩薩摩訶薩第六輪
也若有菩薩成就此輪從初發心乃至成佛
恒求菩薩一切行願而无猒足終不捨離復
次善男子菩薩摩訶薩於其身終遠離綺語
乃至菩提常於佛國聞諸菩薩摩訶薩百千
法音周遍佛國而恒遠離一切綺語成就无
量善語法語如来衆生来生其國善男子是
名菩薩摩訶薩第七輪也若菩薩成就此輪
乃至菩提常求菩薩一切行願而无猒足終

乃至菩提常求菩薩一切行願而无猒足終
不暫捨復次善男子菩薩摩訶薩於其終身
遠離貪欲乃至菩提常生淨國地平如掌衆
寶充滿之以寶樹而嚴餝之復有若干種无
價寶衣纓絡幢幡金繩珠瓔而彼世界種種
莊嚴羅網寶樹彼中衆生遠離憍慢我心貢
高顏貌端嚴諸根具足其心平等如是衆生
来生其國善男子是名菩薩摩訶薩第八輪
也若菩薩能成就此輪乃至菩提恒求菩薩
一切行願而无猒足終不暫捨復次善男子
菩薩摩訶薩於其終身遠離瞋恚乃至菩提
除一切垢惚穢濁塵雲累風於彼淨國无諸
濁惡斷除憍慢生彼國已形色端政相好第
一諸根不缺禪定慈悲以自嚴餝如是衆生

作顛行而无猒足終不暫捨復次善男子菩
薩摩訶薩於其終身遠離耶見復能以此離
耶見輪令諸天人一切受樂若有衆生流轉
六趣沒生死河如是人等起身口意一切業
鄣及煩惱鄣而鄣正法自作教他見作隨喜
以此離耶見輪蹍斷業結令滅无餘妻子眷
屬圍遶左右臨命終時身不受苦神逝所往
之終不見閻羅王等及諸獄卒隨善知識持
戒清淨心樂福田恒生正信命終之後得生
人中之與善知識及諸持戒福田之人而相
遭遇還相依止令得正見為善知識之所教
授脩習善法恒離一切不善等惡於諸善根
皆悉成就一切菩薩所行之道无不脩習以

皆悉成就一切菩薩所行之道无不脩習以
是因緣能度一切衆生入摩訶衍正法大海
乃至得菩提道一切疑网及諸吉相常見斷
見離我我所見如此衆生來生其國壽命无
量悉同法味皆是大乘棄捨聲聞辟支佛及
諸天魔一切外道并魔眷屬皆已離如是
等惡來生其國彼佛壽命无量无邊恒於其
中而作佛事般涅槃後令法久住无所損減
而更熾然皆悉一味善男子是名菩薩第十
輪也若菩薩摩訶薩成就此輪於聲聞乘辟
支佛乘不生識熾及三乘人亦无識熾乃至
大乘亦復如是於大乘人能令增廣熾然三
寶於諸如來聲聞弟子成器及不成器者亦
无識熾而能莊嚴摩訶衍道一切三昧諸陁

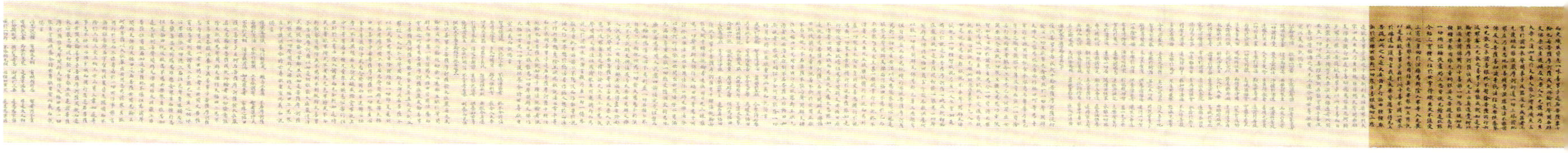

心无猒足求諸善根終不暫捨菩薩所行六
波羅蜜亦无猒足善男子若能成就如是十
輪者菩薩摩訶薩疾成无上正真道覺何以
故過去諸佛脩行十善離一切惡能現如是
種種果報因緣无量相貌具足菩提道悉斷
一切煩惱結使盡竭三惡皆使无餘是故能
令紹三寶種久住於世常得熾然更不復受
三有之身向於涅槃為斷陰入界等入无畏
城以此遠離十惡因緣具足果報如上所說
以是義故善男子若於此十善不脩一者求
於佛道而復自言我是大乘皆應當得无上
菩提如此之人是大妄語多行諂曲種種欺
誑於諸佛所能斷一切衆生善根趣向三惡

諸於諸佛所能斷一切衆生善根趣向三惡
是故善男子具足十善刹利大姓婆羅門大
家四天王天乃至非想非非想天聲聞乘辟
支佛乘脩行如是十善功德悉能具足阿耨
多羅三藐三菩提故善男子以此十善而自
莊嚴求无上果脩學大乘疾成佛道者此則
安立一切功德善根處所若能守護十善便
於善根揩願滿足成无上道尒時世尊欲重
宣此義而說偈言
以千輪覺悟　欲離一切苦　不應識聲聞　惱者衆落著
隨順緣覺乘　信心勤精進　安樂諸衆生　而受行大乘
一切諸緣覺　覺了寂勝法　淨脩於佛道　速證得菩提
遠離於煞生　人天皆愛念　生生得長壽　善脩无害業
一切所生處　常樂於佛法　親近世尊者　速證得菩提

滅除煩惱穢　乾竭於愛欲　能遠離耶婬　速得清淨國
永離欲淤泥　解脫淨衆生　令入於大乘　由離耶婬故
欲得聖智者　讚嘆於實語　棄捨諸妄語　悉滅於苦惱
究竟得實諦　常值於諸佛　速疾成菩提　遠離妄語故
堪任為善器　而遠離兩舌　常與諸佛會　永捨於斷見
得聖无深著　速總持辯才　能知深法海　不久得菩提
常說柔濡語　遠離於惡口　衆生所愛樂　能滅先世業
令衆得歡悅　菩薩之法將　悉知諸佛行　得入第十地
智者所愛敬　遠離於綺語　具足五功德　所說皆覺了
欲聞尊賢教　及與求聖道　供養諸佛海　速得一切智
一心除貪嫉　不壞於正法　供養深衣者　熾然三乘道
常生清淨國　法將之住處　於彼獲妙智　第一无上乘
常行於慈心　遠離諸瞋恚　速疾得禪定　悉樂賢聖行

常生清淨國　法將之住處　於彼獲妙智　第一无上乘
常行於慈心　遠離諸瞋恚　速疾得禪定　志樂賢聖行
生於清淨國　遠離一切過　隨佛所住處　永離一切瞋
專一循純信　遠離諸耶見　顯示三乘道　是名法供養
免離於惡趣　解脫值賢聖　具足菩薩行　速得冣上智
安住而說法　能成於菩提　三昧揔持忍　皆由十善故
具足輪威德　悉顯除惡趣　盡滅業結鄣　疾成正法將

佛說大方廣十輪善品之十

復次善男子若成就十輪菩薩摩訶薩從初
發心一切五欲皆悉捨離勝於一切聲聞辟
支佛人之能為彼二乘而作福田何等為十
常行布施所謂飲食衣服象馬輦轝乃至己
身手足頭目髓腦耳鼻皮骨血宍一一皆捨
若行施時不著軀命亦不為已來世間出世

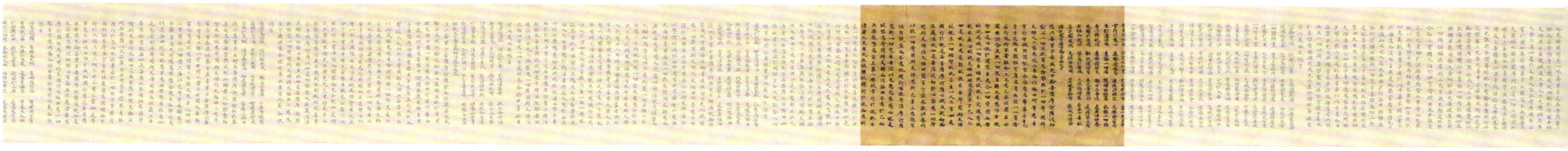

故施為滅一切衆生結使故施不受後有故
施不厭心故施无嫉妬故施乃至最下乞人亦
如是施不為受報故施不求聲聞辟支佛
故施求一切種智故施乃至一人亦常如是
脩行於施是名菩薩摩訶薩心施成就初輪
莊嚴法施如是菩薩從初發心能為一切聲
聞辟支佛作大福田應當守護恭敬供養何
以故一切聲聞辟支佛為斷己身三惡趣貧
但自饒益而不為他脩行布施菩薩摩訶薩
為斷一切衆生苦惱以大慈悲哀愍心施是
故能為聲聞辟支佛而作福田不為於己而
求果報唯為最上苐一樂故常行於施終不
深著人天生死五欲樂故脩行於施而為利

求果報唯為最上第一樂故常行於施終不
染著人天生死五欲樂故脩行於施而為利
益一切衆生不念自身所受善惡脩行於施
為斷一切衆生苦報脩行於施菩薩能如是
行檀波羅蜜故堪任為聲聞辟支佛福田若
不染著世間五欲而為具足大慈大悲能如
是施名為菩薩摩訶薩亦名聲聞辟支佛福
田假使脩行无量布施若不斷於世間五欲
不名為施亦不名菩薩不能與聲聞辟支佛
作大福田不為賢聖所印是故應斷五欲无
染著施若染五欲則不名菩薩亦非福田如
斯施者不能滅於煩惱少分何况能除一切
結習尒時世尊欲重宣此義而說偈言
成就於施輪　智者清淨心　盡離於五欲　令衆得妙樂

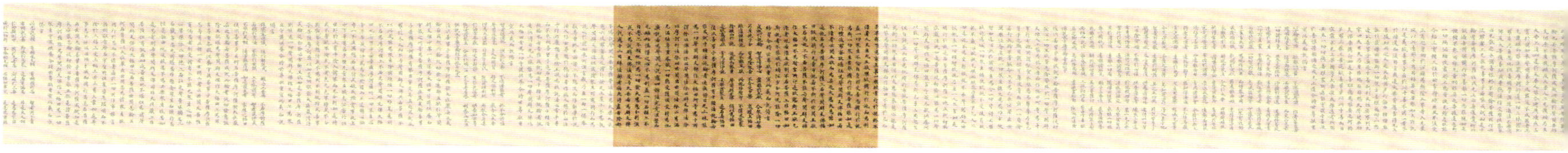

捨欲而行施　施微而報重　聲聞辟支佛　俱以為福田
是故應離欲　常為清淨施　安樂諸衆生　是名真福田
復次善男子菩薩摩訶薩有十種法施輪若
能成就十種法施輪者速疾得日光三昧能
為一切聲聞辟支佛作大福田何等為十所
謂依止佛法依止聲聞法依止辟支佛法依
止摩訶衍法依止世間出世間法依止有漏
无漏法尊重恭敬一切聽受隨順受持為他
廣說若為聲聞人說應四諦法究竟涅槃而
无嫉妬憍慢之心不為利益一切名稱々不
自譽々不輕他恒為一切發大慈悲分別演
說不為說辟支佛法及与大乘若為辟支佛
人說應十二因緣法離老病死得盡苦際都

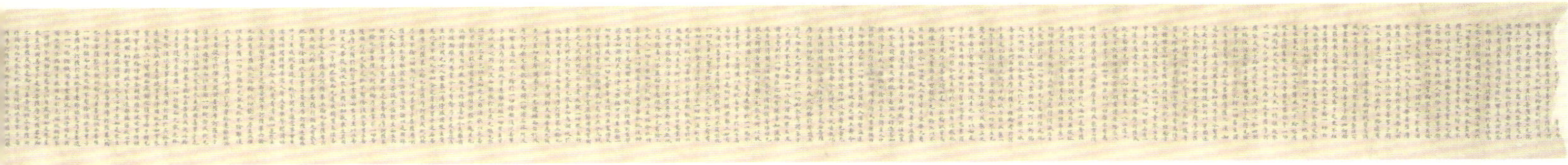

人說應十二因緣法離老病死得盡苦際都
不為說聲聞小乘菩薩等法若為大乘人說
應六波羅蜜具足諸行證无上道之不為說
聲聞辟支佛法但隨諸衆生所應脩行而為
說之於諸如來所演言教乃至一句一偈恭
敬尊重終不誹謗亦不隱沒而作鄭導於說
法人作世尊想於聽法者作病人想於正法
中作妙藥想棄捨五欲為欲說法心常平等
而不取相善男子是名菩薩摩訶薩十種法
施輪也若菩薩成就如是十種法施輪者便
速疾得日光三昧能為一切聲聞辟支佛作
大福田常為一切守護供養尒時世尊欲重
宣此義而說偈言

智者脩法施　演說於三乘　不堪法器者　終不令謗法

於法常恭敬　信受不誹謗　有能說法者　供養如世尊
聽法諸衆生　令滅於煩惱　不貪著名譽　利養而說法

佛說大方廣十輪經法施品之十一

復次善男子菩薩摩訶薩發大莊嚴具足成
輪若成就此輪從初發心遠離五欲於聲聞
辟支佛中第一最勝爲大福田皆應供養而
守護之何等爲菩薩摩訶薩莊嚴成輪善男
子菩薩摩訶薩有能出家受具具足成就波
羅提木叉而不與聲聞辟支佛共若菩薩不
以此戒能爲衆生除諸煩惱一切邪見是則
不名爲摩訶薩亦不名爲聲聞辟支佛大福
田也善男子若菩薩摩訶薩於一切衆生心
常平等護持淨戒志念堅固而不退轉心恒

常平等護持淨戒志念堅固而不退轉心恒
專一不生異想若見持戒破戒慳貪布施上
中下等有若干種无量衆生瞋恚惱害行住
坐卧於三有中陰入諸界而无分別如是持
戒不著欲界持戒不著色无色界持戒不分
別觀察有想持戒不爲到不到故持戒善男
子菩薩摩訶薩以如是相貌發大莊嚴清淨
戒輪從初發心常離五欲如是菩薩摩訶薩
則能爲一切聲聞辟支佛作大福田亦爲衆
生守護供養尒時世尊欲重宣此義而說
偈言
優婆塞律儀　住於解脫戒　雖与二乘共　不名摩訶薩
若脩於空法　不依於世間　亦不依諸有　智者護淨戒
不取於戒相　清淨離諸漏　如是護戒者　最勝之福田

除五欲堪為聲聞辟支佛作大福田亦為衆
生尊重恭敬供養守護善男子菩薩摩訶薩
忍辱有二種一者世間二者出世間又菩薩
有漏忍者則受諸有亦不能无衆生之相依
心果報依心功德亦名住色聲香味觸忍亦
名贏劣忍无所堪忍非慈念衆生而脩行忍
但是諂曲悅彼故忍不為安樂衆生故忍如
是忍者則与聲聞辟支佛同非大莊嚴亦非
菩薩但有假名如是菩薩終不堪任為諸聲
聞辟支佛作大福田是名菩薩世間忍輪云
何名菩薩以大莊嚴出世間忍為諸衆生故
脩行於忍而不染著若於一切所作事務言
語相貌音聲名字聖所住處皆悉隨順而不

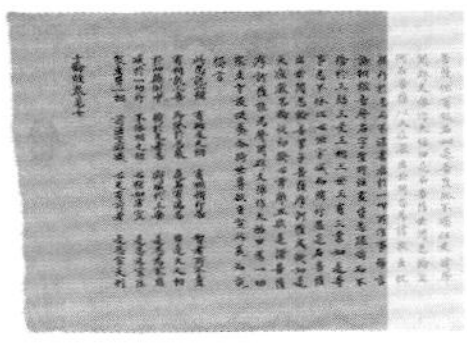

循行於忍而不深著若於一切所作事務言
語相貌音聲名字聖所住處皆悉隨順而不
捨於三結三受三相三世三有三業如是等
事悉不依止心恒寂滅而循行忍是名菩薩
出世間忍輪善男子菩薩摩訶薩成就如是
大莊嚴忍輪從初發心常離五欲是諸菩薩
摩訶薩能為聲聞辟支佛作大福田為一切
衆生守護供養尒時世尊欲重宣此義而說
偈言

此忍說二種　有相及无相　有相循行忍　智者所不貴
有相說三乘　即依於忍聚　是名有漏忍　非是大人相
於四顛倒中　循於无著忍　寂滅於三乘　是忍為最勝
滅於一切行　不依相无相　心猶如虛空　是忍為最勝
衆生皆一相　諸法空寂滅　心无有所著　是忍最大利

BD00323A　阿闍世王受決經

（西晉）法炬　譯

172.7cm × 28.7cm

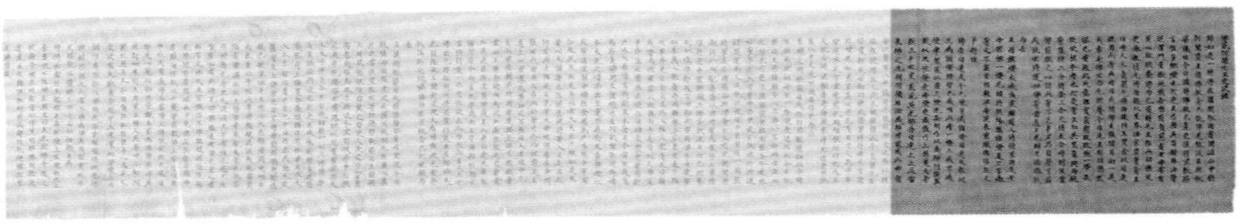

佛說阿闍世王受決經

聞如是一時佛在羅閱祇國耆闍崛山中時
阿闍貰王請佛飯食已訖佛還祇洹王與祇
婆議曰今日請佛佛飯已竟更復所宜祇婆
言惟多燃燈也於是王乃勑具百斛麻油膏
從宮門至祇洹精舍時有貧窮耆老母常有
至心欲供養佛而无資財見王作此功德及
更感激行乞得兩錢以至麻油家買膏膏主
曰母人大貧窮乞得兩錢何不買食以自連
繼用此膏為母曰我聞佛生難值百劫一遇
我幸逢佛世而无供養今日見王作功德巍
巍无量激起我意雖實貧窮故欲燃一燈為

佛前燃之心討此膏不足半夕乃自誓言若
我後世得道如佛膏當通夕光明不消作礼
而去
王所燃燈或滅或盡雖有人侍恒不周迊老
母所燃一燈光明特朗殊勝諸燈通夕不滅
膏又不盡至明朝早母復來前頭面作礼叉
手却住
佛告目連天今已曉可滅諸燈目連承教以
次滅諸燈燈皆已滅唯此母一燈三滅不滅
便舉袈裟以扇之燈光益明乃以威神引隨藍
風以次吹燈老母燈更盛猛乃上照梵天傍
照三千世界悉見其光佛告目連止止此當
來佛之光明功德非汝威神所毀滅此母宿

来佛之光明功德非汝威神所毀威此母宿
命供養百八十億佛已從前佛受決務以經
法教授開化人民未暇脩檀故今貧窮无有
財寶却後廿劫功德成滿當得作佛号曰須
弥燈光如来至真世界无有日月人民中身
皆有水光宮室衆寶光明相照如忉利天上
天地母聞決歡喜踊躍擧身升虛空中地
百八十丈来下頭面作礼而去
王聞之問祇婆曰我作功德巍巍如此而佛
不與我決此母燃一燈便受決何以尒也祇
婆曰王所作雖多心不専一不如此母注心
於佛也乃更注請佛宿勅諸園監各令晨採
好華早送入宮至中佛便晨出祇洹徐徐緩

說經一心歡喜即以所持華悉散佛上華皆
住於空中當佛頭上佛即授決曰汝已供養
九十憶佛却後百卌劫汝當為佛号曰覺華
如来其人歡喜即時踊躍身升虛空來下作
礼畢即更自念我王為人性大嚴急故宿勑
我齊戒將華當以供佛而我悉自以上佛空
手而往必當煞我便作徑歸家置空華箱於
户外入告婦言我朝来未食王今當煞我急
為具食婦聞大惶懅曰王何故相煞便為婦
本末說之婦即出至竈下具食天帝釋便以
天華滿空箱中婦持食還見户外箱中華滿
如故光色非凡即以告夫夫出户視知是天
華心大懽喜止不復食便持華入王邊出迎

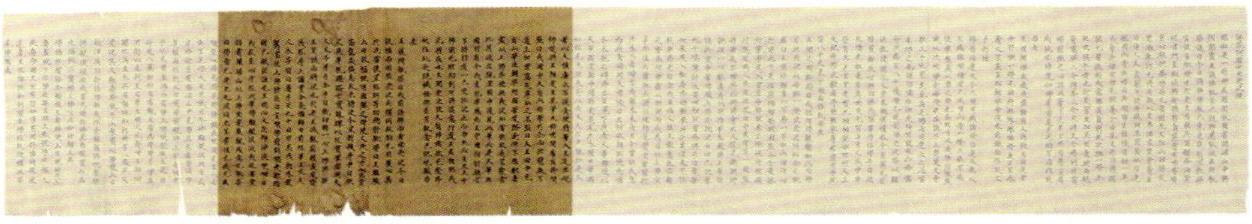

華心大懽喜止不復食便持華入王庭出迎
佛道與王相逢王見華大好世間希有即問
監曰我國中大有此好華乃尒而汝前後不
送上汝罪應死寧知之不監曰大王國中无
有此華臣朝早將園華道路逢佛不勝歡喜
盡以上佛即授與我決知當煞故過家索食
比其須出視坐楯中復見此華必是天華非
國所有今我生既卑賤爲王守園拘制縣官
不得行道一已受決止尒而死必生天上十
佛前无所拘制可得恣意行道王若相煞我
无所在也王聞受決便大惶怖肅然毛竪即
起作礼長跪懺悔佛至宫飲食已記呪願而
去

於邑當復冝作何等功德耶祇婆曰王雖頻
上日設福但用國藏之財使人民之力心或貢
高意或瞋恚故未得決今冝割損身中自供
之具并脫瓔珞七寶珠璅以作寶華當與夫
人太子并力合手自就功勒一心上佛佛照
王至誠必得決也於是王臧徹廚膳晝夜齊
戒脫身上諸寶合聚諸師曰前作華王及夫
人太子皆自着手至九十日所悉成勅外嚴
駕當往上佛傍臣白言聞佛前到鳩夷那竭
國已般泥洹也王聞心大悲歸涕淚哽咽曰
我故至心乎作此華佛雖般泥洹我故當賫
詣耆闍崛山以上佛坐處展馳我意也祇婆
曰佛者无身忽无泥洹忽不常住无臧无在

曰佛者无身然无泥洹然不常住无燋无在
唯至心者爲得見佛佛雖在世間无至心者
爲不見佛大王至誠乃尒佛雖般泥洹注必
見佛使至耆闍崛山中見佛且悲喜垂淚而
進頭面作礼以七寶華前散佛上華皆住空
中化成寶蓋佛正當佛上佛便授與王決曰
劫後八萬劫劫名喜觀王當爲佛佛号淨其
所部如來剎土名華王時人民壽世小劫阿
闍世具王太子名旃陁和利時年八歲見父
受決甚大歡喜即脫身上衆寶以佛散上曰
願淨其所部作佛時我作金輪聖得供養佛
佛般泥洹後我當承續爲佛其所散寶化爲
交珞帳正覆佛上佛言必如汝願王爲

民壽命國土所有皆如淨其所部佛時授決
這竟王及橅陁和利前為佛作礼便耀然不
見佛所在

BD00323B 雜阿含經卷二三

（南朝宋）求那跋陀羅 譯

138cm × 29cm

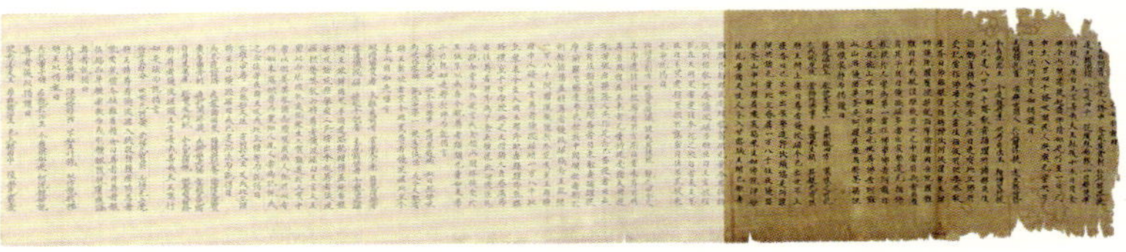

如偈讚曰
大王名阿育　於先八塔中　各取其舍利　於此閻浮提
建立諸佛塔　八万及四千　從廣殊妙勝　一日都使畢
時彼上座白王言善哉大王起後十五日月食
時令此閻浮提起諸佛塔如是乃至一日之
中立八万四千塔世間民人興慶无量共号
名曰法阿育王如偈讚曰
王眠種孔雀　安樂世間人　於此閻浮提　建立勝妙塔
本名為惡王　今造勝妙業　共号名法王　相傳至於後
王已建八万四千塔歡喜踊躍將諸群臣往
詣雞雀精舍白耶舍上座曰更有比丘佛所
受記當作佛事不我當往詣彼所供養恭敬
座荅曰佛臨般涅槃時降伏阿波羅龍王陶

名其子名曰優波掘多當出家學道无相佛
教授於人最為第一當作佛事佛告阿難曰
遥見彼山不阿難白佛見也世尊佛告阿難
此山名優留蒡荼是阿羅若處名那荼婆但
随順寂靜而偈讚曰
優波崛比丘　教授最第一　名聞徹四方　最勝之所記
於我滅度後　當得作佛事　度諸衆生類　其數无有限
時王問上座曰尊者優波崛今已出世不上
座答曰已出世出家學道降伏煩惱是阿羅
漢共諸无量比丘眷屬一万八千住在優留
蒡荼山中阿羅若處哀愍衆生如佛說淨妙
法无量諸天及人令入甘露城王聞已歡喜

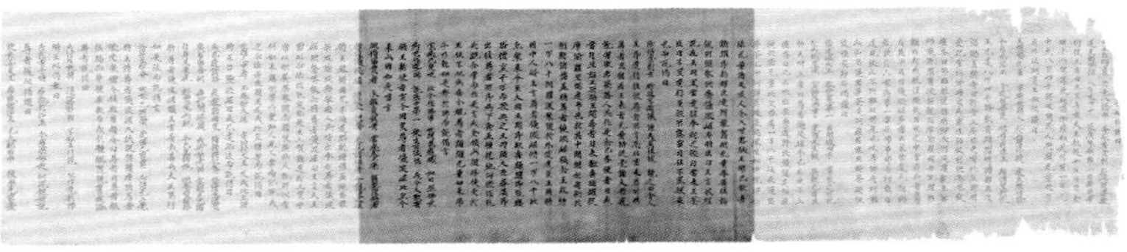

法无量諸天及人令入甘露城王聞已歡喜
踊躍即勑群臣速辦嚴駕將无量眷屬往詣
彼所循敬供養優波毱多時臣白王言彼聖
既在王國冝當遣信奉迎之彼自當来王荼
臣曰不冝遣信至彼所應當自往不冝彼来
也而説偈曰
汝得金剛舌　那能不斷壞　諫我莫往彼　親近田舍人
王即遣信往彼尊者所言其曰當来尊所時
尊者思惟若王来者无量將從受諸大苦逼
就害微虫聚落人民作是念已答使者曰我
當自往詣王所時王聞尊者自来歡喜踊躍從
摩偷羅至慼連弗邑於其中間開安册衍於

國中人啓王言尊者優波崛將一万八千比
丘衆來今至大國王聞即歡喜踊躍即脫瓔
珞價直千万而授與之王將諸大臣眷屬即
出往尊者所即爲下食五體投地向彼作礼
長跪合掌而作是言我今領此閻浮提受於
王位不以爲喜今覩尊者踊躍无量如來弟
子乃能如是都於佛而說偈言

家滅已度世　汝今作佛事　世間愚癡滅　如日照佛世
爲世作導師　說法中第一　衆生可依怙　我今大歡喜

時王勅使者宣令國界尊者優波崛比丘今
來此國如是唱言

欲得富貴者　永離貧窮苦　常處天上樂　解脫涅槃者

欲得富貴者　永離貧窮者　常處天上樂　能成涅槃者
當值優波崛　脩敬今供養　未見諸佛者　今觀優波崛
時王嚴飾國界平治道路懸繒幡蓋燒香散
華及諸伎樂舉國人民皆出奉迎尊者優波
崛供養恭敬尒時尊者優波崛白王言大王
當以正法治化哀愍衆生三寶難遇於三寶中
常以供養恭敬脩念讚嘆廣為人說所以者
何如來應供等正覺知人見人常為記說我
之正法寄在國王及我比丘僧等而說偈曰
世雄人中尊　正勝妙大法　寄付於大王　及我比丘僧
時王白優波崛曰我已建正法而說偈曰
我已造諸塔　莊嚴諸國界　種種與供養　幡幢及諸寶
廣布佛舍利　遍於閻浮提　我與如是福　意願悉已滿

如是法而説偈言

捨身及財命　世世无所憂　受福无有窮　必得无上覺

時王請尊者優波崛入城設種種座請尊者就坐衆僧令住雞雀精舍白尊者曰尊者顏貌端正身體柔軟而我形體醜陋肌膚麁澁

尊者説偈曰

我行布施時　淨心好財物　不如王行施　以沙施於佛

時王以偈報曰

我於童子時　布施於沙土　今獲果如是　何況餘妙施

尊者復以偈讃曰

快哉善大王　布施諸沙土　无上福田中　殖果无窮盡

BD00323C　尸迦羅越六向拜經

（東漢）安世高　譯

110.8cm×29cm

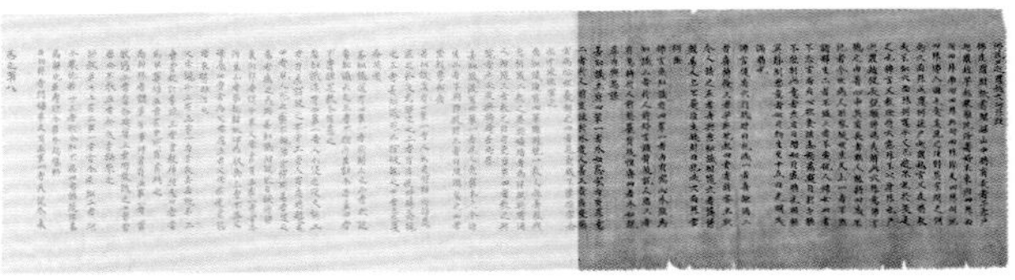

佛說尸迦羅越六向拜經

佛在羅閱祇耆闍崛山中時有長者子字尸
迦羅越早起嚴頭洗浴著好衣東向四拜西
向四拜南向四拜北向四拜仰天四拜向地
四拜佛入國乞食遙見之往到其家問之何
爲六面拜此應何法尸迦羅越言父在時教
我不知六面拜何應今父已過不敢於後違
之也佛言父教汝持六意拜不以身拜也尸
迦羅越便長跪顙佛爲我解此六拜意佛言
聽之内著心中其有長者黠人能持四戒不
犯者今世爲人所敬後世生天上一者不煞
諸群生二者不盜三者不愛他人婦女四者

冥能制惡意者如月初生至十五日光明成
滿時也
佛言復有六行錢財日耗減一者喜飲酒二
者喜博掩三者早卧晚起四者喜請客亦欲
令人請之五者喜與惡知識相隨六者憍慢
輕易人亦不憂治生錢財日耗減六面拜當
何益
佛言惡知識有四輩一者內有怨心外强爲
知識二者於人前好言語背後說人惡三者
有急時於人前愁憂背後惟喜四者外如親
厚內興惡謀
善知識亦有四輩一者外如怨家內有厚意
二者於人前直諫於外道人善三者病瘦懸

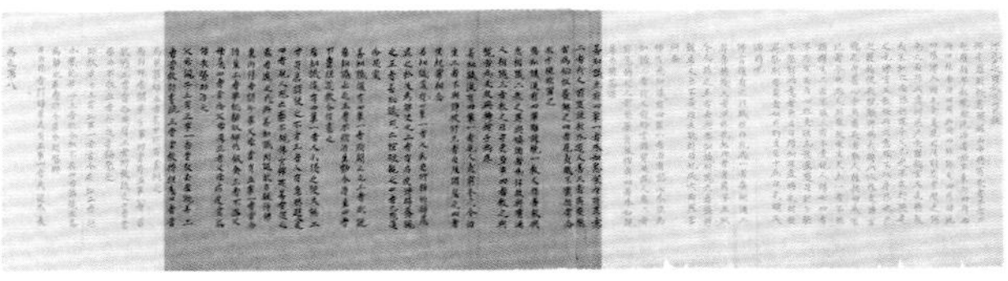

善知識亦有四輩一者外如怨家內有厚意
二者於人前直諫於外道人善三者病瘦懸
官爲伀忪憂解之四者見貧賤不棄捐常念
求方便欲富之
惡知識復有四輩難諫曉一教人作善故與
惡相隨二教之莫與嬉酒者爲伴故與嗜酒
人相隨三者教之自守更多事四者教之與
賢者爲友故與慱掩子爲厚
善知識復有四輩一者見人貧窮亦之令治
生二者不與諍校計三者日注消息之四者
坐起常相念
善知識復有四輩一者人爲吏所捕將歸藏
匿之於後爲解決之二者有病瘦將歸養視

善知識復有四輩一者欲鬪止之二者欲隨
惡知識止之三者不欲治生勸令治生四者
不憙經道教令信憙之
惡知識復有四輩一者人小侵之便大怒二
者有急謂使之不肯三者人有急時避之
四者見人死亡棄不視佛言擇其善者從之
惡者遠之我與善知識相隨故自致得佛
東向拜者謂子事父母當有五事一者當念
治生二者早起勑奴婢作飯食三者不益父
母憂四者當念父母恩五者父母病瘦當恐
懼求醫師治之
父母視子亦有五事一者當教去惡就善二
者當教計書疏三者當教持經戒四者當

者當教計書疏三者當教持經戒四者當
爲早娶婦五者家中所有當與之
南向拜者謂弟子事師當有五事一者當
敬難二者當念其恩三者所教隨之四者當
恩念不猒五者於後當稱譽之
師教弟子亦有五事一者當令疾知二者欲
令勝他弟子三者欲令知不忘四者諸疑難悉
爲解之五者欲令弟子智勝師
西向拜者謂婦事夫有五事一者夫從外来
卷之第八

圖書在版編目（CIP）數據

中國國家圖書館藏敦煌文獻．第二三册／中國國家圖書館編．—北京：國家圖書館出版社，2023.12

ISBN 978-7-5013-7898-2

Ⅰ．①中… Ⅱ．①中… Ⅲ．①敦煌學－文獻 Ⅳ．①K870.6

中國國家版本館 CIP 數據核字（2023）第 219572 號

書　　名	中國國家圖書館藏敦煌文獻・第二三册
著　　者	中國國家圖書館　編
項目統籌	魏　崇　殷夢霞
責任編輯	黄　鑫　程魯潔　潘　竹　苗文葉
責任校對	劉　倩　王　衡
出版發行	國家圖書館出版社（北京市西城區文津街 7 號　100034） （原書目文獻出版社　北京圖書館出版社） 010-66114536　63802249　nlcpress@nlc.cn（郵購）
網　　址	http://www. nlcpress. com
排版印裝	天津裕同印刷有限公司
版次印次	2023 年 12 月第 1 版　2023 年 12 月第 1 次印刷
開　　本	787×1092　1/8
印　　張	39
書　　號	ISBN　978-7-5013-7898-2
定　　價	2800.00 圓